生きる悪知恵

正しくないけど役に立つ60のヒント

西原理恵子

文春新書

868

生きる悪知恵

正しくないけど役に立つ60のヒント◎目次

第2章 【家庭編】近くて遠くて好きで嫌いで

第3章 【男と女編】ヤリたいときがヤレるとき

第4章【性格編】直すより慣れろ

第5章 【トラブル編】上手なウソは人生の通行手形

タイトル・結論の文字＝西原理恵子　構成＝新保信長

はじめに

今さらですけど、芸人さんのお母さんが生活保護をもらってたというんで、ずいぶん騒がれていましたよね。でも、お金あげるっていうなら、「ほな、もろとこか」って当たり前じゃない？　特に西のほうは、そういう文化なんですよ。その分、優しくて、平気で人に物をあげたりする。

私の故郷の高知県なんか、すごいですよ。高知で一番大きな会社はどこかっていうと、「生活保護」。「あれだけお金払える会社、ほかにない」って。で、生活保護受ける人は貯金しない人だから、きっちり毎月全額を飲み食い、遊興費で使ってくれる。それで高知県の経済が回っているという。

それはまあ半分冗談ですけど、実際ケースワーカーさんに話を聞いたら、「確かに腹の立つヤツもおる。こいつはインチキやろ、というのもおる」と。だけど、「具合悪くて働けんゆうたらそうかもしれんし、そんなに悪ないゆうたら悪ないかもしれんし、人間なんだから玉虫色なんです。ただ、それで生活を立て直す人たちも確実にいることを覚えておいてください」と言ってました。

日本人って「正直であれ」とかよく言うけど、真面目すぎると生きづらい。もっとウソつきでいいいんじゃないかと思います。

私がこれまで漫画家として生き残ってこれたのは、正直じゃなかったから。ウソをつくのを悪いと思ってない。一番最初のお客さんである編集者を、いかにダマすかというところから始まっています。締め切りがギリギリで絶対OKもらえなさそうな人には、最初にくだらないA案を見せて、あとにもうちょっとマシなB案を持ってくるとか、目くらまし的なことをやって。あと、10万円欲しいときには、最初に「100万円くれ」って言ってみるとか。そういう火事場泥棒みたいなことは我ながらうまいかな、と思いますね。

もうひとつよかったのは、プライドがなかったこと。私の仕事はお客さんを笑かしてナンボなので、自分の表現がどうとか関係ない。もらえる仕事は何でもやってきた。身もフタもないことを平気でできるというのは大事です。プライドでご飯は食べられません。

誰だって働けなくなる日は来るんだから、とにかく働けるうちは働いてお金を貯めておけ、と。だから、今でも仕事はどんどん入れてる。国とか会社とかアテにしてたらひどい目に遭いますよ。よく派遣切りとかいいますけど、半年先に契約切られるってわかってて何もしてない人がいるでしょ。「どういうこと?」って思いますね。私みたいなフリーランスの人間は、黙って座ってたらもう、すぐ仕事なくなって無職ですよ。だから、半年先までどんどん仕事入れるんです。

生きるって、みっともないことだし、みっともなくていい。あの手この手で、どうにかして生き残った者が勝ち。そのためには、ついていいウソがある。人のお金をくすねるとかいうのじゃなければ、ウソをうまく使えばいい。彼氏にだって、自分の過去を全部言うことないでしょう。相手を怒らせたり迷惑かけたりしたらウソになるけど、周りを楽しませたり自分を守るためなら、それはウソじゃない。

今、つらい思いをしている人はたくさんいると思います。いろんな事情があるでしょうけど、なんでそんな生真面目にやってるのかなって感じることもある。

この本では、そういう生真面目に悩んでる人たちに、私なりのアドバイスをしてみました。アドバイスっていうか、悪知恵ですね。それが正しいかどうかはわからないけど、正しいだけでは生きていけないこともあります。こういう時代だからこそ、もっと悪知恵を働かせましょう。

第1章（仕事編）

商いは小さなことからコツコツと

❶ 70社受けてもダメ。出口の見えない就活に疲れ果てました。

世間では一流と呼ばれる部類に入る私大の学生です。3年の秋から就活を始め、企業研究、セミナー出席、エントリーシート提出、説明会出席と頑張ってきました。応募した会社は70社以上。面接までは結構たどりつくのですが、いまだに内定はもらえません。緊張しやすい性格で、面接ではどうもぎこちなくなってしまいます。海外を放浪したとか学生ベンチャーを立ち上げたというような特別な体験もなく、自己PRやグループディスカッションでも、目立つことができません。自分のような普通の学生にとっては、有名大学の看板が逆に重荷というか、「○○大なのにこの程度か」と思われているような気もします。面接で落とされ続けると、自分の存在そのものが不要なもののように思えてきて、もうどうしていいかわかりません。(22歳・男・大学生)

大変、今どきの就職って。30社や40社落ちるのは、ザラなんだよね。しかも、会社がどこで差別化して採用、不採用を決めてるかもわからないし、やってられない気持ちになるよね。

でもさあ、私も東京出てきたときにバイトの面接はいろいろ受けたけど、もともといいとこ行かないから。すごい条件のいい銀座のクラブとか死んでも行かない。自分みたいなのでも雇ってくれる炉端焼きの皿洗いとか、絶対大丈夫そうなところを探して行く。そういうふうに「ここだったら大丈夫」ってところまで落とす必要はあると思う。

あなたはきっと、すごい〝いい会社〟ばっかり受けてるんじゃないのかな。「一流と呼ばれる大学」って言ったって、世の中にはもっと一流の大学があってさ、東大だけで毎年3000人卒業してて、早稲田や慶応もいて、それに海外帰国組の英語やら何やらペラペラの人たちがいて、あと親のコネ組なんかもいるでしょう。そういう人たちが全部いいとこの就職先を取っちゃうから、〝ちょっといい大学〟ぐらいじゃ無理だよね。

だって、たとえば小学館とか講談社なんか、早稲田の人ばっかり受けに来るんだよ。それで、たぶん1000人に1人とかしか受からないって、精子かっつーの！　そうなってくると、もう運だよね。面接する人の好みにもよるし、オタク雑誌の編集が面接担当だったら、優秀な人より変なオタクのほうが採用されたりとかってこともあるし。

だったら、パチスロでいえばもうちょっと設定のゆるいとこ、朝イチ連チャンしやすいところを狙わなきゃ。70社って言っても給料のいい順とか有名な順に上から受けてたら、それはダメだよね。私だったら下から攻める。〝明日のおまんま〟のほうが大事だから。あなたは、明日のご飯の心配しないのかな？　私だったら、これだけ落ちたらもう皿洗いでも夜の商売でも、怪しい「幹部候補生募集」みたいなやつでも何でもやるけどね。

なんかやっぱり「世間では一流と呼ばれる部類に入る私大の学生」なんて言ってる時点でダメだと思うよ。世間にはもっとすごいのがいっぱいいるし、女子なんて美人で筆記満点で資格持ってて英語できて……って麻雀でいうところの〝満貫〟でも落とされるんだから。そこで勝負できない自分をまず把握するべきだと思う。「一流と呼ばれる大学」を外したときに、自分に何が残るかってことだよね。語学ができるとか世界情勢に詳しいとか親が重役とか、せめてピンフドラ1ぐらいなければ、それはあがれないよね。

そこで「自分のような普通の学生」とか言ってたら始まらない。小さい会社でも地方の会社でも、おまんま食わせてくれるところに行けばいいじゃん。「世間では一流」の大学に入れる頭があるんだったら、どこでもいいから入ってノウハウ身につけて、それから独立しちゃえばいい。ちなみに、高知県で社長さんがたくさん出るので有名な中学校があるんだけど、なんでかっていうと、そこは「少年院」と呼ばれてるぐらい柄が悪いところで、卒業しても誰も雇ってくれないのね。しょうがないから自分で会社を興すという。もともと不良だから逃げ足は速いんで、ダメだと思ったら撤退するのは早い。だから、わりと経営に向いてるの。

いきなり起業するのが難しかったら、〝尊敬する人〟を探そうよ。松下幸之助でもいいし、孫正義でもいいし、一代で成り上がったような人のやり方を勉強してみる。そういうモデルにする人を見つけると、すごくやりやすいと思う。たとえば居酒屋チェーンの社長を尊敬するなら、その居酒屋に勤めればいい。アルバイトから入ればいいんだよ。そこから社員になるとか、方法はいっぱいあると思うんだ。

私の知り合いの編集者でも、編プロのアルバイトから入って大手の社員になった人とかいるからね。たまたまインド取材のときに知り合った女のコなんかも、そのときは学生だったけど、最終的にはいいとこ入ってるんだよ。ちゃんと単行本の企画を出して10万部とか売って、それをお土産に大手の面接に行くから、中途で採ってくれるの。女子にはそういう中途の人、すごい多い。みんなそうやって横から入ってる。私だってエロ本からの横入りだし。大事ですよ、横入り。

だから、あなたにも「横入りって知ってる？」と言いたい。正規では本当にいくら才能があってもなかなか採ってくれない場合があるからさ。あんまりマニュアル的に考えるんじゃなくて、それ以外の方法もあるってことを考えてみて。

どっこも採ってくれないのは逆にチャンス。やりたいことをやればいいんだから。まさか22年も生きてて、何もないなんてことないよねえ？

結論

正面から入れないなら、横入りすればよし。

❷ やっとの思いで就職した会社が、いわゆるブラック会社でした。

この就職氷河期のなか、中堅私大を一浪一留で卒業した自分ですが、何とか就職することができました。本当はマスコミや情報系の会社に入りたかったのですが、そういう会社は競争率も高く、結局、内定が取れたのは幼児教育や社会人教育のための教材を作っている会社でした。それでもクリエイティブ・スタッフ志望で採用されたので喜んでいたのですが、いざ入社してやらされたのは幼児教材や英会話教材の訪問販売。最初は研修と称して先輩と一緒に回ったのですが、1か月もすると1人でいくつかの地区を担当させられ、厳しいノルマを課せられるようになりました。訪問販売の仕事自体、精神的にも肉体的にも大変つらく、ノルマに達しないと朝礼や帰社後に激しく罵られます。報告書という名の反省文を書かされ、残業代や交通費もきちんと支払われません。毎日辞めたいと思うのですが、就職した会社を1年もたたずに辞めるのは申し訳ない気もしますし、次の就職先を探すのにも響くのではないかと思い、踏ん切りがつきません。どんな仕事でも3年は我慢しろという話も聞きますが、やはりもう少し頑張るべきでしょうか。(24歳・男・教育)

これはもう辞めちゃったほうがいいね。3年なんて我慢する必要ない。このまま嫌な思いをしてたら、自分が嫌いになっちゃう。で、毒が溜まっていく。こんな卑しい仕事で我慢できるなら、それこそ次の仕事はバイトから入ってでも上をめざせるだろうし、自分で起業もできるんじゃない? 我慢のしどころを間違ってるよ。

私もいろんなバイトをしてわかったんだけど、嫌な会社って嫌な人しかいないの。それで、いい会社っていい人しかいない。

なんとなくわかるでしょう。いい人が悪い人をはじき出すんだよね、いい会社は。逆に悪い会社って、悪い人がいい人をはじき出すから、ダース・ベイダーが棲んでるようなすさまじい悪の巣窟になってる。ホントに500円のお昼代でもくすねてしまうような会社になったり、そういう信じられない卑しさのかたまりみたいな人たちがいるんだよ。そういうところにいると人から500円ちょろまかすのが普通って感覚になっちゃうから、自分の人生のためには早く辞めたほうがいい。

「1年もたたずに辞めるのは申し訳ない」とか言ってる場合じゃない。コレ、DV男との離婚と一緒。自分で自分の判断がつかなくなっている状態ですね。で、本当に「もうダメだ」ってなったときには、ボロボロになってることが多い。だから、体力があるうちにさっさと見切りをつけましょう。

たぶん、こういう会社って退職金もくれないし、脅されたりもすると思う。知り合いの風俗店の社長さんの理屈がすごいんだ。「ウチは最低の会社です。こんな最低の会社も勤まらないヤツに払うお金はありません」って、辞める人に給料払わないの。サイテーの理屈だけど、一瞬ごまかされそうになるよね。この社長はいつも売り上げを夜間金庫に入れに行くんだけど、しょっちゅう強盗に遭うんで、従業員にバット持たせて入金してた。そしたら、ある日、その従業員にバットで殴られてカネ盗られたの。これぞクズの誉れ。

そこまでやれとは言わないけど、でも、もう二度と会わないと思えば、どんなに嫌われたっていいんだから。後ろ足で砂かけて、何なら内容証明で辞表送って、「立つ鳥跡を濁す」でいいの。よく相手を傷つけないように離婚しようとするバカな男がいるけど、絶対嫌われるんだから。クソのように言われてナンボ。伊集院静さんが言ってましたね、「このろくでなし！」と思われて別れるのがコツだって。まあ、あの人は確かにろくでなしそのものなんですけど。

そういえば別の知り合いの若いコで、すごいおいしいラーメン屋に就職した人がいてね。醤油とかいろんな材料を全部測っておいて次の日どれぐらい減ったか調べて、納品書とかもチェックしたら、レシピが全部わかっちゃったって。それですぐに辞めて、自分で店開いて同じ味を作っちゃった。それぐらい厚かましくてもいいんだよ。

一緒にサイバラ水産やってる青山社長なんかも、東大法学部から富士銀行（現・みずほ銀行）に入って最初は原チャリで集金して回ってたんだって。でも、3年で辞めてるの。勤めていれば幹部にもなれるだろうけど、自分が面白いことをやれるようになるのに15年かかるっていうのがすぐにわかったんだって。やっぱり15年は待てないと。で、すぐ辞めて、あちこち渡り歩いて、無職でフラフラしてた時期に上海に渡って、そこでお店をやってた今の奥さんと知り合って、会社の社長になって今に至る、と。まあ、それは嫁のほうがすごいわ、って話なんだけど。契約金払ってもバックレられるような上海で女一人でお店出してるだけでもすごいのに、「東大卒の無職でーす」なんてホラ吹いてるとしか思えない男の面倒見るんだから。しかも、結果は〝当たり〟だったわけでね。『ドラゴンボール』に出てくるスカウターでも持ってんのかって。ホント、男の見方を教わりたいわ。

話を戻すと、こんな会社はさっさと辞めて、自分でいいと思える仕事を探しましょう、と。アルバイトから始めてもいいじゃない。安定志向で正社員に、っていう気持ちもわかるけど、今の時代、どこに安定した会社がありますか？　それはマボロシです。

今、就職で苦労してる人たちの親の世代は、ずっと会社に勤めてさえいればきちんと給料がもらえて一生安泰だったんでしょう。自分がそうだったから子供にも「絶対就職しなさい」って言うけど、今はもう会社が一生安定してる保証なんてどこにもない。安定のために悪魔と付き合う。順番間違ってますよ。

結論

DV男との離婚と一緒。さっさと見切りをつけましょう。

❸ 失業後なかなか仕事が見つからず、派遣だった妻が正社員に。「あなたは主夫をやって」と言われ……。

15年勤めた住宅設備会社が倒産しました。住宅設備会社といっても事務系部署だったため、特に手に職があるわけでなく、このご時世、なかなか条件に見合う仕事は見つかりません。いくつかの求人に応募もしましたが、採用されませんでした。そうこうしているうちに失業保険も切れてしまいました。ただ、多少の貯えもありますので、すぐに食うに困る状況ではなかったのですが、そんな折も折、以前より派遣社員として旅行代理店で働いていた妻が、正社員にならないかと誘われたと言うのです。そして、「自分が稼ぐから、あなたは主夫をやって」と言い出しました。これまでも家事は手伝っていましたが、やはり主夫という立場には男として抵抗があります。妻の提案を受

け入れるべきでしょうか。（38歳・男・求職中）

何を悩んでいるのか、意味がわかりません。「ふざけるな！」と言いたいぐらい。そういう状況になったなら、毎日、全部家事やって、奥さんを送り出せっての。それから職探しでも自宅でできる仕事でも何でもやればいいじゃん。

だって、そのために結婚ってシステムがあるんだよ。どちらかが失業したり病気になったりしたら、もう一人が頑張って支えるというのが結婚でしょ。そこで嫁がうまいこと正社員になったんなら、「ああ、よかった」って喜ぶところだよね。なのに、何をウダウダ言ってるの？　何か勘違いしてるんじゃない？

ようするに、せっかく保険かけてたのに、いざ保険金が下りたら「いりません」って言ってるみたいなもん。「なんで？」って聞いたら、「オレは男だから」って、顔洗って出直してこい！　働く嫁ほど、この世でありがたいものはないんだから。もしこれで嫁が働いてなかったら、あなたの家はどうなったと思ってるの。ありがたがれ！　文句言うな！しっかり飯炊いて、掃除して、洗濯しろっての！

でもね、仕事は探さないとダメ。今度は奥さんのほうの会社が倒産したり、クビになったり、病気で倒れたりするときがあるんだから。そのときのために就職先を探しながら主夫をやりましょう。

やっぱり夫婦はどちらも働いていないと絶対ダメ。どちらかに頼りきりというのは、すごく無謀で危険なことだと思う。柱が一本しかない家なんて、危なくて住んでられないでしょ。柱は何本あってもいいんです。

結論

働く嫁ほどこの世でありがたいものはなし。

❹ 職場で仕事がありません。ヒマすぎて苦痛です。

とある社団法人に勤めていますが、とにかくヒマです。一応、調査部門みたいな名目の部署なんですが、上司がほとんど何もしないので、その補助役の私には仕事が回ってきません。一日に何本かしかかかってこない電話を受けて、郵便物や関連団体から送られてくるＦＡＸを整理して、上司のオジサンたちにお茶を入れて、それで終わりって感じです。それで給料がもらえるなら、楽チンでいいじゃないかと思われるかもしれませんが、やることがないというのもつらいものです。このご時世、どんな仕事でもあるだけありがたいとは思うのですが、人生をムダ使いしているようで落ち込みます。このままここに勤めていていいのでしょうか。（26歳・女・団体職員）

職がないのに比べれば幸せだけど、これはこれでつらいよね。でも、だからって結婚退職しちゃうのが一番いけません。何も変わらない退屈なダンナと退屈な人生が待ってるから。

今のあなたが結婚したら、自分と同じようなダンナさんが来ますよー。パートナーは鏡だから。毎日、「ああ、やりがいがない」と言ってるような。そんな二人が夫婦になって、なんか楽しいことがあると思う？　仕事から帰ってきたダンナさんと「ああ、今日もつまんなかった」って話をする人生を送ることになっちゃうよ。そのうえ、お給料ももらえないという二重苦に……。

だから、仕事はお金を稼ぐためと割り切って、趣味とか社会貢献とか仕事以外の人生にやりがいを求めるというのもありでしょう。でも、それを30年、40年続けていけるかどうか。その職場に何十年もいるような先輩のおばさんを見て、「そんなふうになりたい」と思える？

そうじゃなかったら、せっかくヒマなんだから、その時間を使って勉強して、転職に有利になるような資格を取るとかね。方向転換するなら今のうちにやらないと、30過ぎるともっと大変になってくるよ。職場がなくなったり、自分が今クビになったらどうなるかという〝人生のリスクヘッジ〟も考えなきゃいけないし。とりあえず、迷ってるんだったら行動するべきだと思う。

たとえば、私がよく言ってるのは「年収300万が不満だったら、隣の350万の人とか320万の人を真似しましょう」と。年収5億とか100億なんて人は真似できないじゃん。私がニコール・キッドマンに憧れてどうするの、って話になっちゃう。

これって、お金だけじゃなくて仕事の中身でも同じこと。身近でちょっと自分よりいい仕事してる人の真似をすればいい。26歳だったらもう、同年代で憧れられるような仕事してる人、いるよね。同じような人生だったのに、「あれっ、この人の仕事のほうが楽しそう」とか、「あの人の仕事、きついけどやりがいありそう」とか。そういう人の真似するところから始めればいいんじゃないかな。

ていうか、そもそもどういう基準でその職場に就職したのかがわからないよねえ。何がやりたくて入ったのか、ただ何となく入ったのか。何も考えてない人には、何も考えなくてもできる仕事しか来ないわなー。

まあ、人生ムダ使いしてると思うんだったら、やっぱりもっとギャラがいいとか、やりがいがあるとか、そういう仕事に雇ってもらえるよう、資格のひとつでも取って、自分の値段を上げましょう。

結論

身近でいい仕事してる人の真似をしよう。

❺ 仕事にやりがいは感じますが、給料が安く生活が厳しいです。

専門学校卒業後、とある老人福祉施設で介護士として働いています。きれいごとでは済まない部分もありますし、肉体的にも精神的にもきつい仕事だと思います。でも、その分、お年寄りやご家族に喜んでもらえると、すごくうれしいし、人の役に立つ仕事としてやりがいはあります。ただ、正直言って、給料が安いんです。自分で望んで就いた仕事とはいえ、生活費だけでギリギリ。忙しくてお金を使うヒマもないのに貯金なんて全然できなくて、ときどき「何のために働いてるんだろう」「将来どうなるんだろう」と疑問や不安が浮かんできます。この収入で家族を養うのはとても無理なので、このままでは結婚もできそうにありません。年齢的にも転職するなら今のうちかと思うのですが、なかなか決断できず悩んでいます。（32歳・男・介護士）

介護士や看護師ってすごく大事な仕事だし、みんなに喜ばれて「ありがとう」って言われるいい仕事。なのに、本当に給料安いんですよね。昔から言ってたんだけど、スチュワーデスが給料高くて、看護婦さんが安いのっておかしいだろ、逆にしろよって。今はスチュワーデスも安くなっちゃったみたいだけど、こういう仕事が安いのは間違ってる。それなのに人手不足だから外国人を入れようって、もちろんそれ自体はいいんだけど、給料安いままで抑えたいから外国人使おうっていうのは変だよね。

でも、志を持ってこういう仕事を選んだ人に「転職しちゃえ」とは言いたくないな。これから年寄りがどんどん増えていくんだから、絶対に必要な仕事だもん。いっそ自分で介護の会社を興しちゃう手もあるけど、それをやるにも資金がいるしねえ……。

ただ、ひとつ私に言えることがあるとすれば、「同じ介護士さんとか看護婦さん、保母さんの奥さんを見つけてください」と。「この収入で家族を養うのはとても無理」って言ってるけど、自分が全部養おうと思わなくていい。お互いが支え合えれば、「厳しい」が半分になるんですよ。だいたい介護士や看護婦をやってるような女性は「IT社長と結婚する」とか「年収1000万なきゃダメ」とか、そんな無茶言わないから（笑）。知り合いのママさんでも看護婦さんいるけど、劇団員のダンナを支えたりしてて、とにかく面倒見がいい。ウチの子供どころか私の面倒まで見てくれるもん。あれは介護グセがついてるね。

だから、世話焼きオバチャンみたいになっちゃうけど、職場とか身近なところで気になる人、いないのかな？　同じような仕事で同じような心根を持ってる奥さんがいてくれたら、あなたの人生は素晴らしいものに変わっていくと思うんだ。

本当は、こういう仕事をしている人にきちんと給料が払われる仕組みを国が作らなきゃいけないんだけど、そんなのアテにしてられないしね。

結論

同じような仕事の嫁を探せ。

⑥どう考えても向いてない部署に異動になってしまいました。

とある事務機器メーカーに勤めています。入社以来、ずっと総務・経理部門で仕事をしてきました。それが40代半ばになって、いきなり営業・販促部門に異動になってしまいました。もともと人付き合いがうまいほうではなく、机に向かってコツコツやるのが得意だったのに、今は毎日のように取引先を訪問したりイベントの手配をしたり、慣れない仕事で目が回りそうです。一応、部下はいますが、それほど大きい会社ではないので、自分も現場に出ざるをえません。体力的にも疲れますし、精神的なストレスもたまります。とはいえ、この年で転職も難しいでしょうし、納得のいかない人事ですが、このまま我慢するしかないのでしょうか。（45歳・男・メーカー）

向いてなくてもやるしかないでしょ。無茶なノルマがあってウソついてでも売らなきゃいけないとかならきついけど、そういうのじゃない限り、やらなきゃね。「向いてない」なんて言ってても始まらない。45歳からでも学習はできる。上司とか同僚とか、デキる人の真似を一個ずつやっていけばいい。会社だって、そのために異動させてるんでしょ。そうやって人を回していかないと、やっぱり水が濁るから。

あと、自分の才能を他人に教えてもらうことってある。私なんかも編集者に教えられたというか、やったことないような仕事を振られて、嫌だったけど全部やらせてもらってたら、意外にできるじゃん！　みたいな。それで自分自身、力がついていった経験がある。

全然畑違いの仕事だとしても、元の仕事で築いた下地があれば、そのノウハウとか考え方とかって何かしら使えると思うんですよね。私がよく行くホルモン屋「わ」の大将なんか見てると、ホントに野球部で死ぬほどキツい訓練したことが下地になってるなと思うもの。「最初の10秒でお客様の心をつかまなアカンねや！」とか言って、まさに体育会系の営業。あの人たちの基礎体力、インナーマッスルってすごいなって思うよね。やってきたことが一個もムダになってない。やっぱり甲子園まで行った人はハンパじゃない。「向いてない」とか「できない」とか絶対言わないもん。

それは別に単純な体力だけの話じゃなくて、たとえば勉強には勉強のインナーマッスルがある、と。それは〝リアル『ドラゴン桜』〟みたいな学校再建を請け負う先生が言ってたんだけど、「できない子には勉強のインナーマッスルをつけなきゃいけない」って。たとえば板谷くん（西原さんの旧友でライターのゲッツ板谷氏）みたいな元ヤンがライターやってられるのも、中2までのガリ勉だった時代に机に向かうのが一応身についてたからだって。仕事だって同じですよね。インナーマッスルがついていれば何とかなるはず。

だいたい45歳にもなって「この仕事向いてない」なんて言ってる人、私の周りにはいないけどね。出版社でもマンガ誌から女性誌とか特ダネ追うような週刊誌に回されたりすることあるけど、何だかんだ言ってもみんなやるよね。逆に小学館の八巻さん（デビュー当時からの担当編集者）みたいに、異動させられそうになったら社長に直談判して「僕は動きませんから」って言って認めさせちゃったりする人もいる。昔よく麻雀してた博報堂の宮崎さんも、やっぱり若い頃、気が強くて、「地方には行かない」「大手の仕事しかしない」って言い張って、その代わりすごいきっちり仕事するから。やっぱりそういう力のある人は何を言っても大丈夫っていうことになっちゃうよね。

だから、「向いてない」って言うけど、じゃあ前の部署は向いてたのか、その部署に欠かせないような人材だったのかという問題も出てきますよね。そんなに異動が嫌なら、それこそ社長に直談判でもすればいいじゃん。会社にどうにかしてもらおう、周りにどうにかしてもらおうじゃなくて、自分で動かないと。

やっぱりすごく甘いと思うよ。私が社長だったら、こんなこと言ってる人に給料払いたくないもん。愚痴言ってるヒマがあったら、どうすればその仕事を楽しめるか考えましょう。

結論 仕事のインナーマッスルを鍛えろ!

❼「ミスは人のせい、手柄は自分のもの」という上司を改心させる方法は?

企業の社内システムの開発を請け負う会社に勤めるSEです。ハードな残業の日々ですが、無理な注文にも応じなければ生き残れない業界なので、仕事があるだけありがたいと思って頑張っています。決して高くない給料も、生活できないほどではないというか、使うヒマがないのでまあいいです。ただ、問題は直属の上司です。自分の確認ミスをこっちのせいにしたかと思えば、こっちが

出したアイデアを、さも自分が考えたかのように報告したり、そういうことがたびたびぁってうんざりします。この上司を改心させ、態度を改めさせる方法があったら教えてください。（28歳・男・SE）

こういう話はよく聞きますね。私は会社のことはよくわからないけど、もっと上の人に相談できるようなシステムはないんですか？　大きな会社だと、社内のセクハラやパワハラに対応するようなセクションがあったりするよね。そういうのがなくても、きちんと上の人に言ったほうがいいと思う。

それは告げ口とは違います。日本人は告げ口を嫌がるけど、言わなきゃいけないことを黙ってる人がすごく多い。「私の胸に留めておけば丸く収まる」というのは、結果的にはウソをつくのと一緒。情報は絶対、開示したほうがいい。そうじゃないと、この上司のほうが正しいことになっちゃいますよ。

どんな間違った情報でも、真っ赤なウソでも、絶えず発信し続けた人間が勝つんです。「あのいじめはなかった」「あのセクハラはなかった」って、どんな証拠があっても言い続けると、それが正義になっちゃうんですよ。世界の歴史を見てもそうでしょう。どんなに正しくないことでも、信念さえあれば正しくなる。そう思い込んじゃってる人間ほど強いものはないですからね。

この上司を改心させようったって無理。こういう人は、弱い者にはとことん強く、強い者にはペコペコする。だから、あなたが力をつけて強い立場になるしかない。そしたら急に手のひら返すから。そのためには、多少、相手の足を引っ張るようなことをしてもいいんじゃないかな。

とりあえずやっぱり、もっと上の人に言うところから始めましょう。匿名でメールするとかでもいいし、一人で言うのが嫌だったら、たぶん職場で同じような被害に遭ってる人がいるだろうから、何人かの連名にするとか。そうじゃなければ怪文書を回すとか、どんな形でもいいから、表に出したほうがいい。そして、その情報を発信し続けること。

あとは相手の机にゴミをぶちまけるとか、ちっちゃな嫌がらせをコツコツやって弱らせるという手もあるけど、自分の気持ちのバランスとして許せる範囲でやってください。私だったら、書類を2～3枚隠すとか、そのぐらいのことやっちゃうけどね（笑）。

結論

相手の悪事をみんなに晒せ。

❽ 使えない部下にイライラします。

私の部署に久しぶりに新入社員が配属されてきました。この新人が、どうにもこうにも使えないんです。もちろん、いきなり大きな契約を取ってこいとか、そんなことは期待していません。でも、ちょっとした調べものとかデータの整理とか、そういうこともまともにできない。何か頼むと「ハイ」と返事だけはいいんですが、説明をちゃんと聞いていないのか、上がってきたものはトンチンカン。注意しても同じようなミスを繰り返す。少し考えればわかりそうなことも逐一指示しなけれ

ばできなくて、結局二度手間になったりしてイライラするばかりです。今どきの若いモンは、って自分が若いときも言われてたんでしょうけど、ここまでひどくはなかったと思います。かといってクビにするわけにもいかず（というか、私にそんな権限ありませんし）、何とか育てたいとは思うのですが、いったいどう扱えばいいのかわからず困っています。（41歳・男・専門商社）

それは「ネジ」だと思ってください。人として扱うから腹が立つんです。

あなたの前にいるのは人じゃなくてネジなんだから、「このネジは何に使えるのかな」ということを考えましょう。全体を見渡して臨機応変に……なんて無理だから。「この右の荷物を左へ持っていってください」とか具体的に、それも口で言ったら忘れちゃうから、紙に書いて指示する。いくつもいっぺんに頼むんじゃなくて、一個だけ頼む。それができたら、次の仕事を頼む。それも「この案件を処理しておくように」っていうんじゃなくて、「誰々さんのところに行って、これこれのことを聞いてきて」みたいにね。

私も昔、竹書房とか白夜書房の編集で「フキダシが小さくて入らなかったから、セリフの写植半分捨てて貼りました」とか「ちょっと間に合わなかったので、3ページ目だけ前の回の原稿入れておきました」とか、モンスター級のがいっぱいいて。人と思うから腹が立つんだな、ということに気がついたのね。ネジだと思えば腹も立たない。

「育てたい」とか思っちゃダメ。育たないもの。だいたい育つ人は勝手に育つ。よく「私が子供の才能をつぶしちゃったかもしれない」とか「子供の可能性を伸ばさなきゃ」とか言ってる親がいるけど、どんなにつぶされても出てくるのが才能ってもんでね。そんな親や上司につぶされるぐらいだったら、それは才能でも可能性でもない。たぶん相性も悪いんでしょう。向こうは向こうで、あなたのこと「ウザいなあ」と思ってるんじゃない？

でも、若いときって、こんなものだと思うんだよね。最初は使えなくて当たり前。「できることをひとつ発見してホメる」こと、それがファースト・ステップになる。私が最初バイトしたときも「このグズ！」ってさんざん怒鳴られて、「何もできないなら、ただ大きな声を出してあいさつしろ」「それができないんだったら、走れ」と。それがファースト・ステップですよね。そのうち大きな声を出して走れるようになる。そうすると次のこと、また次のことって、ひとつずつできることが増えていく。

ほら、盲導犬とか警察犬ってすごい優秀だけど、あれは訓練されてるからで、ほとんどの犬は何も教わってないから何もできないじゃん、お腹出して可愛がってもらうだけで。でも、実は盲導犬レベルまで行く能力は持ってるんですよね。その新人も、教わってないからできなくて、ボーッとしてるんだと思う。だから、もし本当に育てようという気があるんなら、わかりやすくできることをまずやらせる。最初は「大きな声で返事をする」とかでいい。たった一個の小さなことでも、できるようになったらホメる。できなかったことは一切けなさないというのが基本です。

それはでも、愛情がないとできないですよね。人を育てるって、すごく難しくて手間暇がかかることだから。自分の子供でも難しいのに、愛情もない可愛くもない部下をどうすればいいのかって。だけど、あなたもそうやって育ってきたんじゃない？　男の人ってそういうことをすぐ忘れるんだよね。自分の息子を見て「オレはこんなんじゃなくて、もっと行儀がよくていい子だった」って言うんだけど、お母さんが「いや、アンタはもっとひどかった」っていう（笑）。

今はお互いどうしていいかわからない状態なんだと思うけど、できることから、小さいことから始めましょう。大丈夫、たぶん盲導犬ぐらいには育ちます。

結論

ネジだと思えば腹も立たない。

❾ 上司に毎日のように飲みに誘われ、困ってます。

今の上司は私のことを右腕のように思ってくれています。何か重要な問題を決めるときも必ず相談を受けますし、周囲も二人三脚の名コンビと見ています。それはそれでありがたいのですが、困るのは毎日のように飲みに誘われることです。人間的に嫌いなわけではなく、むしろいい人だとは思いますが、特別慕っているつもりはなく、仕事が終わってまで一緒に飲みに行きたいとは思いません。ですが、上司のほうは「俺とおまえは〝相棒〟だからな」とゴキゲンです。いつもいつも断

るわけにもいかず、結果的に週に3日は上司と飲む羽目に。そしてまた（上司から見て）絆が深まるという悪循環です。「もう誘わないでください」と言うのも角が立ちますし、うまいかわし方はないでしょうか。（33歳・男・建設）

〝男同士は飲んでナンボ〟という体育会系の上司ですね。これ、上司としてはむしろ譲歩してあげてる感じなんじゃない？　ひと昔前だったら毎日朝の4時まで飲まなきゃいけないところを「オレも若いヤツに気を遣って、週3日ぐらいにしておいてあげてる」「一次会で帰してやってるんだし」ぐらいに思ってるよ、きっと。

こういう人には理屈を言っても通じないので、もう「病気で飲めない」ってことにするしかない。「ガンマGTPが200超えちゃって、ドクターストップがかかりました」とか言っちゃえばいいんですよ。ウソも方便ですから、こういうときは。お酒が好きな人とまともに付き合ってたらキリがない。次の日の仕事の効率も悪くなるし、ウソでもついてさっさと切り上げましょう。正義はどちらにもあるんだし、みんなもっと「ウソ」を上手に使いましょう。

ただ、病気って言っちゃうと、ほかの飲み会とかでも飲めなくなっちゃうかもしれないね。とりあえず、この上司と飲みに行く回数を減らしたいってことなら、奥さんのせいにする手もある。「毎晩帰りが遅いのに怒って、嫁が実家に帰ってしまいました」「離婚の危機なので当分は早く帰ります」とかね。この上司だって、右腕と思ってる部下を離婚させようとは思わないでしょ。まあ、独身だったらこの手は使えないけど、とにかく上司の顔をつぶさないようにしながら断ればいいんだよね。やっぱりサラッとウソをついちゃうのが手っ取り早いと思う。

だけど、上司は生涯の恋人とか戦友みたいに思ってるのに「特別慕っているつもりはなく」って、ちょっと上司が気の毒な気もするね。週に1回ぐらいは飲んであげてもいいんじゃない？

結論

「ガンマGTP」か「離婚の危機」でごまかそう。

⑩ある日突然カツラをかぶってきた上司に、どういう態度をとればいいかわかりません。

50代の課長が、ある日、突然カツラで出社してきました。自然な感じではあるものの、昨日までとは明らかに違う髪の量。みんなすぐに異変に気づきました。見ちゃいけないとは思うのですが、つい目がいってしまいます。課長も普通にはしているものの、何となく落ち着かない感じです。向こうから「カツラにしたんだ」と言ってくれれば、「いいじゃないですか!」「似合いますよ!」とか言えますが、こちらから話題にするわけにもいきません。対面での打ち合わせのときなど、特に気まずい空気が流れます。このままでは仕事にも影響が出てきそうです。どのような態度で接するのが正解でしょうか。(35歳・男・不動産)

男のカツラも女の整形も本人の自己満足なんだから、今までどおり普通にしてればいいと思うけど、それができなくて気まずいって話だよね。

私だったらホメてあげるけどなあ。

昔、神足（裕司）さんが雑誌の企画でアデランスのモニターをやったことがあって、すごく素敵なカツラをつけてくれたんだって。それで嬉しくてある編集部に行ったら、全員が「……」って黙ってうつむいちゃって。次の編集部に行っても「……」と目をそらされて、誰もツッコんでくれなくてすごい悲しかったって言ってた。

まあ、神足さんの場合はネタでかぶってたわけだし、ホメていいキャラと、そうじゃないキャラがいるとは思うけど。男の人の髪の毛とチンコのコンプレックスって、大変だから。ヘタに触れると逆上するもんね。

でも、そんなに気まずいなら、ここはあなたが男気を出して、あえて地雷を踏みに行きましょう。いきなり「カツラにしたんですね」とか言うと危険だから、「イメチェンですか」「なんか感じ変わりましたね」みたいに言ってみるとか。で、向こうがカツラのことを切り出してこなかったら、服とかネクタイとか、ほかのところをさりげなくホメる。結果はどう転んでも、きっとみんなに感謝されますよ。

ちなみに、男のヅラと違って、女の整形は女同士だいたいみんなカミングアウトし合ってます。「それ、どこでやったの？」「いくらだった？」「術後どうだった？」って、もう平気ですから。だって、高須先生（西原さんと親交のある高須クリニック院長・高須克弥氏）が言うには「美容クリニックは完全に口コミです」と。自分がやってよかったものは絶対友達に言うし、親子何代で来てる人もいるって。逆にちょっとでも悪かったら、もうパッタリ来ない。女性の口コミぐらい確かな宣伝はないって。

よく男の人が「そんな整形とかしなくていいじゃない」って言うけど、「アンタたちの髪の毛とチンコを合わせたのが女の顔なの！」と。簡単な注射や手術で自分の髪が生えてチンコが伸びるとしたら、やるでしょアンタ。整形って言ってもマイケル・ジャクソンみたいなのじゃないですよ。やりすぎはもともと日本では嫌われてるから。シミやシワを消したり肌をきれいにしたりして、5歳、10歳若くなるっていうのが今の技術。そこで安くあげようとして韓国に行くと、二重まぶたの手術のサービスで勝手に鼻高くしてくれるの。親切心で外人みたいな顔にしてくれるという（笑）。韓国の整形はバリューセットなんです。気をつけてくださーい。

だから、ヅラも似合ってればいいんですけどね。カツラってすごく高いから、昔のやつをずーっと着けちゃって、古くなったり合わなくなったりしていく。常に自分に合わせたヅラを着け続けるのって実はすごく経済力がいることで。それで「疲れた、もういい」って、ある日突然パッとやめちゃう人もいますよね。そしたらまた「イメチェンですか」って、言ってあげましょう。

結論 みんなのために、あえて地雷を踏みに行くべし。

⓫ 全社員にTOEIC受験が義務づけられたが、英語は超苦手なんです……。

しばらく前にユニクロや楽天が社内公用語を英語にしたというニュースがありましたが、わが社もとうとう来年から全社員にTOEIC500点以上、管理職への昇進には650点以上が課せられることになりました。特に海外とのやりとりが多い業種でもないのですが、会社としては〝時流に乗り遅れるな〟ということでしょうか。でも、私は英語が超苦手というか、正直、大嫌いなんで

す。採用時には特に英語能力を問われなかったのに、今さら言われても……。目標点数に届かなかったからといって即クビにはならないと思いますが、肩身が狭くなるのは確実。どうすれば英語嫌いを克服し、TOEIC500点をクリアできるでしょう？（33歳・男・電機）

とりあえず外国人の彼女を作りましょう。それが一番の近道です。

おすすめはフィリピン彼女ですね。前にフィリピン行ったとき、ガイドのおばちゃんが「フィリピンの主な特産物は人です」って言ってたんだけど、本当に明るくて気さくで、お人好しで歌が上手で、ちょっと働き者じゃないけれども、英語とスペイン語とタガログ語がしゃべれるので、地球の半分の人間の従業員になることができる。あと、英語が母国語じゃない人同士でしゃべるとき、一番わかりやすいのがフィリピン人なんだって。すごくニコニコゆっくりしゃべってくれるから。

だから、とにかくまずフィリピン・パブに行きましょう。そこで彼女を作りましょう。「アッコハ、アナタノコト、アイシテルワ」と言って、とっても丁寧に教えてくれます。ハマったらハマったで、いい人生じゃないですか。南の島で可愛い子供とたくさんの親戚ができて。気がついたら、英語ペラペラよ。もう、向こうで会社興しちゃいましょう。TOEICなんて関係なくなるし。ホント、気のいいフィリピーナ、おすすめよ。ちょっとフィリピン訛りの英語になると思うけど。

ウチの息子なんて、ニュージーランドにホームステイに行ったけど、「YESとNOしかしゃべらなかった」って。男4人兄弟のなかに混ぜられて、その4人兄弟がそこらへんで暴れてるから、お父さんはとにかく「Shut up!」と「Get out!」しか言わなかったって。「父ちゃん、怒るとすげえ怖いんだよ」って、その2つだけ覚えて帰ってきた。「Shut up!」と「Get out!」だけ異様に発音がいいの。

まあ、とにかく好きにならなきゃ絶対覚えられないよね。英語が好きじゃなくても、その英語をしゃべる彼女が好きなら覚えるでしょ。ロシア語覚えたいなら、ロシアン・パブに行けばいい。ただ、佐藤優さんが言ってたけど、「若いロシア女性が1週間に求めるセックスは16回。それでもあなた、ロシア人に恋して大丈夫ですか」って。それはちょっときついよね（笑）。

あと、この方法でひとつ気をつけたほうがいいと思うのは、オネエ言葉。ずっとタイに住んでてタイ語を流暢に話す人がいるんだけど、それがオネエ言葉でね。オカマの恋人から言葉を習ってるから見事なオネエ言葉になってて、さっきのヅラの話じゃないけど、みんな言えないんだって。「ああ、この人オカマなんだ」って丸わかりなんだけど、本人だけ気づいてない。英語にもきっとオネエ言葉ってあると思うんで、そっち系の人は気をつけてください。

結論

フィリピン・パブに行け!!

⑫ 育児中の同期に不満と嫉妬を感じてしまいます。

同期入社で同じ課に所属する友人には、3歳になる男の子がいます。もちろん育児が大変なのはわかるのですが、やれ保育園のお迎えだ、子供が熱出したと何かにつけて早退したり休んだりするため、そのシワ寄せが私にきます。結婚祝いや出産祝いもあげたうえに、仕事のフォローまでさせられて、それでも給料は同じようなもの。いや、子供がいる分、手当がついて彼女のほうが上かもしれません。彼女は「いつもごめんねー」と軽い調子で言うだけで、子供のためなんだから当然といった顔。何だかすごく不公平な気がして腹が立ちます。独身で彼氏もおらず地味に働いているだけの自分からすると、彼女ばかりが恵まれているように見えて嫉妬心も湧いてきます。このままではいずれ彼女に対してキレてしまいそうです。このモヤモヤした気持ちをどこにぶつければいいのでしょうか。（31歳・女・事務）

この「育児中の同期」の人は、子供がいてもいなくても同じようなことをすると思うんだよね。あなたの隙を見つけては仕事を押しつける、そういうタイプじゃないかな。だから、「子供がいるから」という理由を脇にどけて、その人の人間性を見たほうがいい。だって普通、迷惑かけて悪いと思ったら、時間内に仕事済ますし、そんなシレッとした顔で早退しないよね。私の知ってるママさんたちも、家に仕事持って帰ったりしてるよ。子供がいるってことが〝葵の御紋〟になってるから、そこでみんなごまかされてるけど、子供がいなくても独身でも、ずるい人はずるいんだよ。

だけど逆に、そういうふうに便利に使われちゃう隙があなたにあるんだっていうことも考えたほうがいい。自分の仕事はちゃんとやって、そのうえに何か頼まれても「これは今日はできません」って断る勇気も必要。じゃないと隙につけ込まれるから。

引き受けるんならグチグチ言わずにやればいいし、できないならできませんと言えばいいの。「こないだはやりましたけど、今日は私も用があるのでできません」とか、断り方はいっぱいあるよね。「今日はちょっと熱があって」でもいいし、それこそ生理痛でも何でもいい。向こうが子供を武器にしてくるなら、こっちは親を出して「親の介護があるので」とか「親がガンで」とか言っとけばいいんですよ(笑)。だからといって、人に仕事を押しつけるんじゃなくて、自分の分だけはちゃんとやって帰ればいい。

会社って、机に座ってるだけで働いてないヤツ、山ほどいるじゃん。そのシワ寄せが自分に来てるってことなので、その状況を変えない限りは、その同期の人がいなくなっても別のモンスターがまた来るよ。それに対処するには、もうキッパリ断るだけ。それができないと、このままずっと人の仕事の後始末をさせられる人生が待ってるよ。どこかで切り替えないとね。

さっきも言ったけど、ウソっていけないことじゃない。自分の心のバランスを保つために、うまいこと使っちゃえばいいんです。

結論

向こうが子供なら、こっちは親をダシに断ろう。

⑬ 陽気すぎて迷惑な常連客への対処法を教えてください。

都内某所で小さな居酒屋を経営しております。駅から距離があるため、客層は近所の人が中心ですが、おかげさまでそれなりに繁盛しています。が、常連さんのなかに一人、ちょっと困った人がいるんです。酒癖が悪いというか、別に暴れたりするわけではないのですが、酔うとやたら声が大きくなって、とにかくうるさい。しかも、カウンターで隣り合ったお客さんに必要以上にフレンドリーに話しかけるんです。そういうコミュニケーションも居酒屋の楽しみ方のひとつだとは思いますが、ちょっと度が過ぎるというか、若いカップルの会話に割って入って説教まがいのことをしゃべりまくってシラけさせたり。オヤジ同士で意気投合して会話が弾むこともあるのですが、それはそれでうるささ倍増。もちろん、やんわりたしなめたりはしますが、「あー、すんませんすんません」と一旦は大人しくなるものの、すぐに元どおり。悪い人ではないし陽気な酒だとは思うのですが、ほかのお客さんへの迷惑を考えると、放っておくわけにもいきません。かといって、入店お断りというのも気が引けます。どのように対処するのがベストでしょうか。（42歳・男・自営）

スナックのベテランママや保母さんを見習いましょう。ベテランママさんはすごいですよ。「このお客さん、飲みすぎたわね」と思ったら、酒薄くするとか水飲ませるとかして、その人が騒ぎ出す前に話をどんどん変えていくの。「そういえば、こないだ○○さんが××したんだって」「知ってるよ」「あらすごーい、そんなことも知ってるんだー」とか言って、もうガーッと別の話題、別の話題に次々持っていく。あと、保母さんもそういうのは上手。ケンカしてる子たちを「○○ちゃん、はーい」って、怒らないで別の方向に興味を持っていくのね。まあ、酔っぱらいも子供も似たようなもんだから。

知り合いのホモのさとちゃんも、やっぱりすごく上手だった。鴨ちゃん（西原さんの元夫の故・鴨志田穣氏）が酔っぱらって「何だよ、お前、わかってんのかよ」とかクダ巻き始めたら、すぐ別の話題を振ってうまいこと気をそらしてた。「どうしてそんなに上手なの？」って聞いたら、プロデューサーっていう仕事柄もあるんだけど、やっぱりゲイバーで身につけたホモの知恵らしくてね。だいたいゲイのハッテンバーって、客同士が全員ヤッちゃってるんだって。そこに人気者のホモが来たら、全員がもうキーッてなって「何よ、私のほうが先なのに」みたいになっちゃって、それを全員仲よくさせて飲ませるのがゲイバーのママの腕の見せ所なんだって。

そもそも、自分のお店でお客さんがそんなに騒ぎ出すまで放っておくことからして、プロとしての自覚が足りないよね。だって、明らかにほかのお客さんに迷惑かかってるわけでしょ。しかも、常連で酒癖悪いのわかってるんだったら、ちゃんと気をつけておかなきゃ。酔っぱらいなんて迷惑なものなんだから、そういう気配り込みでの客商売。それをただ見てるだけで「困った」なんて、ちょっと店主としてどうなのよ。そんなことしてたら、せっかくのお店がつぶれますよ、もったいない。

うるさくさせない技術って、いくらでもあると思う。スナック行って勉強してごらん。騒いでる人とか騒ぎそうな人は、みんなちゃんと止めるよ。「ほらほら、飲みすぎダメよ。ごほうびあげるから」って70くらいのママがパンツ見せて黙らせたり。追い出すテクにもいろいろあって、「おっぱい触らせてあげるから」とか言って、うまいこと外に出してタクシーに投げ込むとか。「はい○○さん、お会計」「オレまだ……」「何言ってんの、自分でお会計って言ったよっ」って真っ赤なウソで帰らせるとか。向こうも酔っぱらってるから、わかりゃしない。突然、「オレのおごり」ってシメのラーメン食べさせちゃう飲み屋の大将もいた。

だから、とにかくスナックのママになったつもりで、まず飲ませすぎない。ほかの客に絡み出したら、別の話題で自分のほうに気を向けさせる。ゴキゲンにさせて、さっさと帰す。客商売として、そのぐらいのことはやってください。

結論

スナックのママの技に学べ。

綾辻行人さん（51歳・男・小説家）からの相談

作家生活も二十四年目に入ったのですが、どうもこのところ創作意欲が低下気味で、頭がもやもやしています。心配になって脳やホルモン分泌の検査もしてみたのですが、とりたてて異常はないとのこと。西原さんは昔と変わらず旺盛な——というか、貪欲な創作活動を続けておられますが、モチベーション維持の秘訣を教えてください。

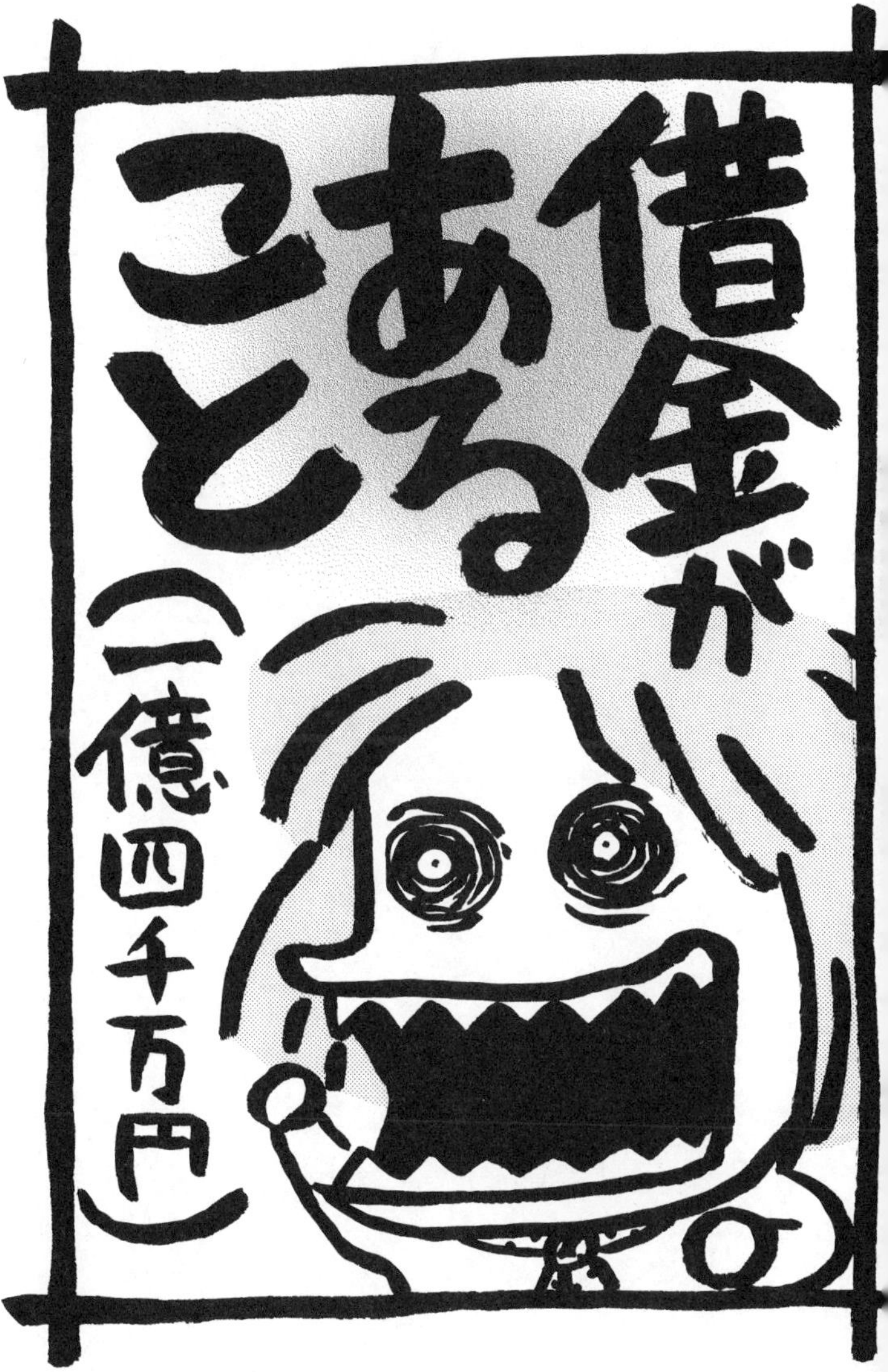
借金があること
（一億四千万円）

第2章（家庭編）近くて遠くて好きで嫌いで

⑭ 結婚して5年。妻がぶくぶく太っていきます。

5年前に結婚した妻が、ぶくぶく太っていくんです。もともと小柄で華奢なところが可愛かったのに、今はちょっとしたビア樽のようになってしまいました。以前はお姫様だっこも軽々できたのですが、今やったら間違いなく腰が砕けます。体重は恐ろしくて聞けませんが、たぶん60キロぐらいあるんじゃないでしょうか（ちなみに身長は152センチです）。妊娠・出産を経て太るのは、ある程度仕方ないと思うのですが、ちょっと太りすぎというか、いまだに太り続けているのはどうなのか。それだけが原因ではありませんが、最近はほとんどセックスレス状態です。元どおりとは言わないまでも、少しはやせる方向に持っていきたいのですが、何かいい方法はありますか。（34歳・男・製造）

ていうか、私も同じことになっちゃいましたからねえ。結婚と出産で（和歌山カレー事件の）林真須美とそっくりになりまして。真須美に生き写しだった5年間ぐらいは、ホントにつらかったですね。外に出るのも嫌だし、洋服もとりあえずお腹を隠す服っていうんで選べないし。これはだから、本人が一番つらいんだと思うんです。

ホントに出産って、ある日、自分が10kg太ってて戻らないんだよ！　それで24時間、子供の面倒見なきゃいけなくて、「そんなに忙しいのに何でやせないのか」みたいなことをすごく言われたんだけど、自分のための時間がまったく取れないんですよ。髪も洗えないし、私の場合は夫の病気もあったからよけいなんだけど、体形なんか構ってられない。オシャレとかダイエットとか、そういう自分のためだけに気を使うことができないの。

だから、子供が小さいうちはダイエットなんて言っても無理なんです。ものすごい不規則な生活で、お金もやりくりして、自分のことは一番最後にしてるんだから。ダイエットっていうのは時間とお金が必要なんです。

どうしても奥さんにやせてほしいんだったら、とにかく子育てを手伝ってください。それから、奥さんを外に働きに行かせてください。そうしたら経済的に余裕が出てくるし、外の目にも晒されて「やせなきゃ」って思う。女の人を家の中に閉じ込めておくと間違いなく太ります。男の人でもそうだけど、ニートって太ってるの多いでしょ。家の中に閉じ込めておくと誰だって太ります。しかも、子供がいて自分のことは一切できないですから。

奥さんにきれいでいてほしいと言うなら、お互いがお金を稼がなきゃいけない。経済力なんですよ、女房を美しくするのは。それもないのに一方的に「太って困る」と言ってもダメ。

お金がなくて時間もないときって、牛丼みたいなものを食べ始めるでしょ。そうするとよけい太るんですよ。しょうがないよ、それは。そりゃオーガニックな野菜を使った食事とか作りたいよ。でも、子供は泣いてるし、お金はないしっていうんじゃ無理。とにかく貧乏は太るんです。アメリカだって太ってるのは貧困層でしょ。

ベトナムには「娘を太らせるのは母親の恥」っていう言葉があるんですけど、それと一緒で「嫁を太らせてるのは夫の恥」なんです。奥さんにやせてほしいなら、ダンナの家事・育児サポートと収入アップ、共働き、それしかないですね。今のままでは坂道を転げ落ちるように、もっと太っていきますよ。

ちなみに私は2人目の子供のとき、出産前に63kgまで行ったんです。で、産んだ次の日に体重計に乗ったら63kgで(笑)。「どういうことなんだ、物理学の法則を無視してるぞ！」と思って、体重計の前で燃え尽きたジョーのようになってたんですけどね。だって、3000gの子供を出したのに、どうして減らないのかと。

とにかくまあ、奥さんを太る環境に追い込んでおいて、「太るな」って言っても無理だから。女の人も、太りたくなかったら家事とか育児をちゃんとやってくれるダンナを選ばないといけません。

結論

仕事も家事も育児も2人でやるのがやせる道。

⑮ 妻の飯がマズいんです。はっきり言うべきでしょうか。

6歳年下の妻と結婚して2年目です。3年前、私が異動した先の部署にいた松下奈緒似の彼女に一目惚れ。猛アタックで口説き落として結婚のOKをもらったときは、天にも昇る気持ちでした。結婚と同時に退職した妻は、現在、専業主婦です。子供はまだですが、家のことはしっかりやってくれるので、基本的には幸せです。ただ、ひとつだけ困ったことが……。そう、妻の作る飯がマズいんです。結婚するまでほとんど料理をしたことがないらしく、なのに料理本とかロクに見ないで

勘で作ってるようで、単にしょっぱいだけとか、ほとんど味がしないとか、ハーブが効きすぎとか、そんなのばっかりです。それでもせっかく作ってくれてるのだからと頑張って食べていますが、正直つらいです。本人はわりと平気で食べてるので、料理ベタというより味オンチなのかも……。はっきりマズいと言うべきでしょうか。（32歳・男・金融）

マズい飯しか作れない人って、ほかの生活部分もいろいろマズい人じゃないかと思うんですけど、どうなんだろう。だって、普通に焼いたり炒めたりすれば、普通にうまいでしょ。肉を焼いてポン酢をかけたら、それだけで十分うまいじゃん。ウチは何でもポン酢だから。今は便利な道具や半分調理されてて「あとは焼くだけ」みたいな食材がいっぱいあって、レシピもネットとかでいくらでも見れる。それがうまくできないってことは、ほかの生活の段取りとかも相当悪いんじゃないかと思っちゃう。

これはでも、「マズい飯しか作れない嫁しかもらえなかった自分」っていうところに反省点があると思いますよ。よく姑さんが嫁の悪口で「子供の食事中にコーラ出すんですよ」とか言うんだけど、コーラを出すような嫁を選んだ息子を育てたアンタが悪いって。結局、自分に返ってくるんですね。

あと、実は自分のほうが「味オンチ」って可能性もあるかもよ。男の人のほうが味覚が子供だったりするじゃない。奥さんがおいしいと思って作っても、「味が薄い」とか言ったり。奥さんはおいしいものを知らないだけかもしれないから、とりあえずおいしいものを一緒に食べに行って、「オレ、この味好きなんだ。今度作ってよ」って言ってみる。体で覚えさせるのも大事。それでもダメなら、もう自分で作ればいいじゃない。それか、手伝うふりして自分で味付けしちゃうとか。

だいたい、作ってもらっといて文句言うのが間違ってる。奥さんだって料理好きじゃないんだろうし、「オレがやるよ」って言えば嫌な顔はしないと思うけどね。

結論

焼いてポン酢をかければ何でもうまし。

⑯夫が浮気しているようです。追及すべきか、見て見ぬふりをすべきか、迷っています。

結婚して5年目の主婦です。夫は会社員で、3歳の男の子がいます。家事と育児に追われる毎日ですが、先日たまたま夫の入浴中に携帯にメールの着信があり、つい見てしまいました。それがどう見ても女からのメールで、すごく親密な様子なんです。キャバクラとかの営業メールかなとも思ったんですが、そういう感じでもなくてプライベートに付き合ってる感じの文面でした。少し履歴を遡ってみましたが同じ発信元からのメールは見当たらず、履歴を削除してるみたいで逆に怪しい感じがします。ただ、夫として、パパとして、よくやってくれているとは思いますので、ヘタに問い詰めてこじれるよりは、このまま見て見ぬふりをしたほうがいいのかも……という気もします。でも、見てしまったものは気になるし……。どうするのが一番いいでしょう?（31歳・女・主婦）

まず夫だろうが誰だろうが、他人のメールをチェックするというのが私には信じられないなー。「それをやっちゃうんなら、もう一緒にいないほうがよくない?」みたいな。隠れて悪いことをしてても何をしてても、それを含めての「好き」でしょう。こんなことで疑って、問い詰めようかどうしようかって、もう関係終わってるじゃん。

だいたい、男も女も結婚したら生涯浮気しちゃいけないの？　恋愛なんて5年ぐらいで終わっちゃうんだから、あとは「家族」としての長い人生が待ってるわけでしょ。そこで浮気ダメって言うんなら、病気もダメなの？　ケガもダメなの？　会社がつぶれてもダメなの？　って話になるじゃない。

ウチの鴨ちゃんに彼女がいたとき、私は全然腹立たなかったけどね。兄弟というか息子に彼女ができたのかな、ぐらいの感じで、「どんな人かな」と。いや、恋人に裏切られたりしたら、そりゃ寝込むけど、家族ってまた違うじゃん。40年も50年もやっていかなきゃいけないものだし、「それはそれ、これはこれ」っていうか。恋愛で2〜3年、ちょっとホットにやっていきたい人と、生涯一緒に暮らす人と、やっぱりモノが違うというか、入る箱が違うよね。その恋愛が冷めたあとで、「ああ、一緒にいられる人なんだ」というのと「いられない人なんだ」というのがわかるわけで。

あなたのダンナさんは「夫としてパパとして、よくやってくれてる」んでしょ。それをこんなちっちゃなことを見つけて、わざわざその穴をほじくりかえすことないじゃない。やっぱり夫の携帯は見ちゃダメです。見て得するものは何もない。もし夫が自分から「ゴメン」って謝ってきたら、許してあげましょう。

でも、基本的には、見たアンタが悪い。だから、見なかったことにして、そのまんま何事もなかったように過ごしましょうね。態度も変えずに、いい奥さんでいてください。

結論

携帯を勝手に見たアンタが悪い。

⑰ 夫が脱サラして田舎暮らしをしたいと言い出しました。

夫（52）が脱サラして田舎暮らしをしたいと言い出しました。早期退職の退職金を元手に田舎でそば屋を開きたいと言うんです。そば打ちは趣味でやっていて、確かにおいしいことはおいしいのですが、商売の経験もなく成功するとは思えません。勤めている会社も業績が悪化していて、このままま勤めていても先がないという夫の意見も一理あるとは思いますし、夫の夢を支えたい気持ちもありますが、不安のほうが大きいです。なるべく夫の気持ちを傷つけずに思いとどまらせたいのですが……。（46歳・女・主婦）

あっぶねー。商売は雪山と一緒なんで、うっかり一緒に登ったら夫婦で遭難してまうでー。

だいたい「田舎でそば屋」って、水商売上がりの女が「お花屋さんやりたい」って言うようなもんで、あまりにも夢見すぎ。田舎ってどのへんを考えてるのかわからないけど、田舎ってそんなに客来ないよ。人いないから。

こういうパターン、今すごく多いみたいだけどね。ダンナさんは会社の人間関係に疲れて「田舎で暮らしたい」、奥さんは「デパートのあるとこじゃないと嫌」っていうんで定年退職後にケンカになっちゃうっていう。これ、半々にすればいいと思うんだ。都会に小さなアパート借りて、奥さんはそこで暮らして、たまにダンナさんのいる田舎に会いに行くとか。だって、今までダンナさんが生活支えてくれてたわけでしょ。だったら、奥さんも今から働けばいいいじゃない。老舗のそば屋で働いてノウハウを盗めば一石二鳥（笑）。

田舎暮らしってのも人間関係とかいろいろ大変みたいだよね。とりあえずうまくいった人と、いってない人の話を聞きに行くのが一番いいと思う。そうすればダンナさんも勘違いに気づくかもしれないし。まあ、漫画家の場合はどこにいても描けるんで、本当は私も田舎というか世界中転々としながら描きたいんですけどね。同じ場所で描いてると、ネタも出ないし気が滅入る。しかも、今どき仕事場を土地付きで買っちゃって、みんなにバカって言われてるの。どこの社長さんに聞いても、「今は持ちビルじゃなくて全部賃貸でいい」って。そのほうが全然コストがかからない。失敗したーって思うんだけど、家の隣の角地が空いたもんだから、ついオセロのクセでカド取りに行っちゃったんだよね。

でも、このダンナさんも今まで頑張ってきたんだから、一回失敗させてあげてもいいんじゃない？　やらずに後悔するより、やって後悔したほうが絶対いいし、あんまりお金をかけずに小さく失敗してみるといい。退職金を突っ込んで田舎に家買うっていうんじゃなくて、賃貸で。古い民家をちょっと改造したようなお店とか、あるじゃない。あんまり田舎じゃなくて埼玉ぐらいにしておくとか。それだったら、失敗しても取り返しがつく……って、失敗すると決めつけちゃってますけど、だいたい失敗しますから。

結論 あんまりお金をかけずに小さく失敗してみよう。

⑱ 義母からの「早く子供を」とのプレッシャーがつらいです。

2歳年上の夫と結婚して3年目です。夫は編集者、私はデザイナーで、お互い多忙で不規則な生活ですが夫婦関係は良好です。子供については「できたらできたでいいし、できなければできないでいい」という、なりゆき任せの感じでお互い納得しているのですが、結婚3年目に入って、義母から事あるごとに「子供はどうなの?」と言われたり、子宝に恵まれるお守りみたいなものが送られてきたりするようになりました。夫が「こういうのやめてくれ」と言っても止まりません。私も子供が欲しくないわけではないし、年齢的にも産むなら今のうちだとは思うのですが、わざわざ排

卵日を狙ってセックスするとか、ましてや不妊治療をするとか、そこまでしたくはありません。どうすれば義母に放っておいてもらえるでしょう？（35歳・女・デザイナー）

義理母に放っておいてもらおうなんて、そんな無理なことは無理。義理母は干渉するのが仕事なんだから。この程度のことで波風立ててたら、長い人生やっていけないよ。ダンナさんもちゃんとあなたの味方をしてくれてるんだったら、もうこれぐらいのことはヨシとしなきゃ。これぐらいでガタガタ言ってたら、姑を殺さなきゃいけなくなるよ。ていうかね、相手は先に死ぬんだから。何をどう言ったって年寄りの価値観は変わらないし、どうせそのうち死ぬんだから、放っておきなさいよ。結婚したからには、姑の言うことを受け流すぐらいの神経を持たなきゃ。同居してないだけマシじゃない。

まあ、普段の生活でちょっとイライラしてたり、仕事で疲れてたりすると、こういう義理母の無神経な言葉がホントにカチンとくるのはわかる。だから、カチンとこない精神状態にしておくことも大事。「子供が欲しくないわけではない」・「年齢的にも産むなら今のうち」というあたりで過敏になっちゃってる部分もあるのかな。

なんかもう、産むか産まないか、どっちかに決めちゃったほうがスッキリするかもしれないね。ただ、「この仕事が一段落したら」とか言ってたら、いつまでたっても産めないから。私は後輩の女のコたちには「とりあえず中出し」「妊娠したら相手構わず産んどけ」って言ってます。今、放射能がどうしたとかで「子供産むのが不安」とかって話聞くけど、そんなの道歩いてたって車に轢かれるんだから。そうやって不安をたぐり寄せて、何かのせいにして生きていっても楽しくない。とにかく私は「子供がいるとすごく楽しいよ」ということだけは言っておきます。

結論

そのうち死ぬから、放っておけ。

19 夫の前妻の子との距離感がつかめません。

仕事の関係で知り合った8歳上の男性と結婚しました。私は初婚、夫は前の奥さんと死別しての再婚です。夫には前妻との間に14歳になる娘がいます。前の奥さんは娘が8歳のときに病気で亡くなり、その4年後に私と彼が付き合い始めました。娘と初めて会ったのは交際を始めて1年ぐらいしてから。大人しい子で特に反抗するようなことはなかったのですが、それが逆に難しいというか、なかなか打ち解けられない感じのまま、今に至っています。決して嫌われているわけではないと思うのですが、やはり実の親子のようにはいかず、お互い気を遣っているような状態です。時間が解決してくれるのを待つべきなのかもしれませんが、私自身、自分の子を産みたい気持ちもあり、そうなるとますますこじれてしまいそうで、いろいろ悩んでしまいます。（36歳・女・アパレル）

ものすごく平和にうまくいってるのに、それにわざわざ文句を言ってるようにしか見えないんですけど。すごくよくできた娘さんで、ちゃんと自立して距離を置いて「お母さんを煩わせないように」ってやってるのに、「ええっ、甘えてくれないんだ」っていうのはどうなのかな。いいところじゃなくて、悪いところを見つけて文句を言う女の人独特の嫌な面が出てるような気がします。じゃあ、逆に「私のパパを取って許さない」とか「てめえ、クソババア、死ねや！」とか言って暴れたらよかったのかって話ですよ。

14歳っていったら、もう大人だから。大人の女性がちゃんと距離を置いて付き合ってくれてるのに、文句を言うな！　アンタのほうが子供だよ。

こんなこと考えつくのはヒマだからじゃないの？　子供産みたい気持ちがあるなら、どんどん産んじゃいましょう。3人も4人も産んじゃったら、もう距離もクソもなくなるから。お姉ちゃんは嫌というほど面倒見なきゃいけないし、何より自分に妹や弟ができたら可愛いに決まってるじゃん。絶対、いいお姉ちゃんになってくれるよ。

これが男の子だったら使い物にならないけどね。「赤ちゃん見てて」って言ったら見てるだけだし、保育園の送り迎えとかやらせたらどっかに忘れてくるし、絶対食わせちゃいけないものを食わせたりするし（笑）。

余談だけど、（岩井）志麻子ちゃんが最初のダンナと別れたとき、子供2人置いていかされたんだけどね。そこに次の奥さんが来て、子供が3人産まれて、そしたら上の男の子が志麻子ちゃんのとこに来て「母ちゃんが洗濯物洗ってくれない」って言うんだって。で、「あの子たち、いじめられてる」って志麻子ちゃんが泣きそうになって言うから、「それ、下に3人子供いるんだから、上の子2人が『洗ってあげる』って言うのが普通じゃない」

って言ったんだけど。子供のことになると、親っていろんなことが見えなくなるよね。私もそうだろうけど。

でも、それこそ、その後妻さんにしてみれば、志麻子ちゃんの子供との距離がどうこうなんて考えてられないよね。やっぱりあなたの場合は平和すぎてイライラしてるんだと思うので、子供をたくさん産んで戦争にしちゃいましょう。そうすれば、今の悩みなんて跡形もなく吹っ飛びます。

結論

子供を3〜4人産めば、距離もクソもなくなります。

⑳ 娘が風俗のバイトをしているかもしれません。

22歳の娘は、いわゆるフリーターです。専門学校を卒業したものの、正社員として就職することができず、いろんなアルバイトを転々としています。ところが先日、ある雑誌の風俗店の広告に、娘に似た女のコの写真が載っているのを発見してしまいました。小さい写真なので確信は持てないのですが、非常に似ています。そういえば最近、服装が派手になったような気もします。もし本当に風俗で働いているのなら、すぐにやめさせたいと思いますが、問題の写真が他人の空似だったらと思うと、面と向かって問いただすのも気が引けます。妻にはまだ話していません。どうすればいいでしょうか。（55歳・男・流通）

自分の娘が風俗店で働いてるってなったら、私はその店に行くよ、「母親です」って言って。行って、「どうしてこういうところで働いてるの?」って本人に聞くよ、ちゃんと。「問いただすのも気が引けます」って、聞かなきゃダメじゃん。何迷ってるの。取り越し苦労だったら笑い話で済むし、そんなに気になってるなら確かめなきゃ。

風俗の店長さんだって、「父親です」って言えば、帰れとは言わないよ。あの人たちも物のわかった大人なんだから、こういう子たちをどういうふうに扱ったらいいか知ってる。店長さんを間に挟んで話してもいいじゃん。とにかくまず動こうよ。

まあ、自分も不良だったし、周りに不良の友達いっぱいいたからわかるんだけど、そのときは止まらないんだよね。「成人したら酒でも煙草でもセックスでも何でもできるんだから、今は我慢しなさい」って言われても、そんなの今したいウンコを「我慢しなさい」って言われてるようなもんで、止めようがない。ただ、「つるむな」「壊すな」「盗むな」——これだけはダメだと先輩の不良に教わった。それをやったら自分の子供でも警察に通報するつもり。若者が集団になって盗んだり壊したりするのが一番みっともないと思うから。

でも、そうでなければその子なりのいろんな考え方があるんで、話を聞いて「今は風俗をやっていきたいんだ」って言うなら、そこからまた考える。そこで話を聞きもせず、「妻にも話していません。どうすればいいでしょう」って言っててもしょうがない。父親だったら、店に行くなり何なりしてきちんと話をして、それでも本人が「やりたい」って言うんなら、もう22歳なんだし、世の中いろんな仕事があって、それが向いてる子もいるんだから、放っておくしかないですね。

結論

まず店に行って本人がどうか確かめよ。

㉑ 中2の娘がまだ父親とお風呂に入っているのですが……。

夫婦と娘1人の3人家族です。裕福というわけではありませんが、生活に大きな不自由はなく、みんな仲良く幸せな家庭だと思います。ただ、ちょっとだけ気になるのは、中2の娘がいまだに夫とお風呂に入っていることです。小さい頃からパパ大好きっ子でしたが、胸もふくらんできましたし、そろそろやめさせたほうがいいように思います。でも、娘は気にする様子もなく、夫も「本人が入りたがってるんだから」と言って、自分からやめるつもりはなさそうです。このまま放っておいていいのでしょうか。（38歳・女・主婦）

これ、アメリカだったら逮捕されるっていうけどね（笑）。どんなにちっちゃくても、一緒に入っちゃいけないんだって。そんなことしたら虐待ってことになるらしい。そもそもバスタブ文化があんまりないから、人と一緒に入るっていう習慣がない。ましてや「父親と娘が裸で一緒に」なんて、ありえない行為だって。

でも、ここは日本だからね。日本のお母さんたちの合言葉は「毛が生えるまで」。毛が生えたら自然と恥ずかしがって入らなくなりますよ。

吉田戦車さんのマンガにあったけど、お父さんにとっては毎日がカウントダウンでしょ。娘が一緒にお風呂に入ってくれなくなる日まで「あと何日」っていう。その日が来るまで、じっくり味わわせてあげてくださいよ。

娘が「パパ大好き」って、すごいいいことだからね。私、女子高だったんだけど、パパ大好き派のコいっぱいいいて、もう17、18でも夜、パパのお布団に潜り込んで一緒に寝てたっていうコ、結構多かったんです。そこまでいかなくても、腕組んで歩いたり。それはもう、パパ嫌いで、「臭いんだよ、オヤジ」って言ってる家庭に比べたら天国みたいなもの。ましてや「オヤジ死ね」って言ってる息子がいるのに比べたら、どれだけいいか（笑）。ある意味、ぜいたくな悩みですよ。好きなだけパパっ子にさせてあげてください。

心配しなくても大丈夫。毛が生えたら娘のほうから入らなくなりますから。中2だったら、そろそろでしょう。まさにカウントダウンですよ。

結論 毛が生えれば自然と入らなくなるから大丈夫。

㉒ 小6の娘が好きな男の子の家に入りびたりで心配です。

小学校6年の娘が最近、学校から直接、好きな男の子の家に行くようになりました。その子の両親は共働きで、夕方まで3時間ほど2人きりで過ごしています。娘に注意すると「何がいけないのよっ!」と逆ギレされるし、向こうのご両親は「うちは放任主義ですから」と取り合ってくれません。12歳でまさか肉体関係はないとは思いますが、もしものことがないとも限らず、心配です。無

理にでもやめさせるべきでしょうか。（40歳・女・主婦）

これはダメです。ヤリマン階段上ってます。

いや、別に男女間でどうこうじゃなくても、親のいない家に子供がいるっていうのは、火遊びで火事になったりとか、いろんな事故があるんで危険。あと、大人がいない家に上がり込むのは泥棒のすること、って私は教わりました。

セックスとか心配する前に泥棒。めちゃ罪重《つみおも》。何かがなくなって「アンタんちの娘が盗んだ」って言われても対応のしようがないし。人の家に勝手に上がっちゃいけません。それ、基本的な問題です。

とりあえず、大人がいない家に上げさせる向こうの親とあなたが悪い。どうしても娘がその男の子と遊びたいなら、私だったら男の子を自分の家に呼ぶなあ。向こうが「ウチは放任主義なので」って言うんだったら、あなたの家で一緒に晩ご飯を食べればいいし。

しかも、娘にそんな好き放題させておいて、「まさか肉体関係は」って被害者意識だけふくらませてどうするの。「娘に注意すると逆ギレされる」って、それで引き下がるあなたが悪い。ウチの田舎の高知県なんて、もっと親が強いですよ。東京とかで見てると、親が子供にすぐ折れるんでびっくりしたもの。こんなふうに子供に逆ギレされて、そのまま何も言わないということ自体が、まったくわからない。子供がキレたら倍返しで親がキレるというのが私ら高知の基本だから。これはもう、奥さんもキレまくってください。で、張り倒してボコボコにしてでも連れて帰ってきてください。

このないだ息子が反抗期でウソついて塾サボってて、私がキレて「てめえみたいなウソつきは親父みたいな気違いアル中になって道端でクソもらして死んじゃうんだよ。死ねクソ野郎！」って怒鳴って、息子と娘に「いくら何でも、その言い方はよくない」と叱られましたが、このくらい激しくキレないと、相手はバカな子供なので伝わりません。

結論

大人のいない家に上がらせるべからず。

㉓ アガリ症の息子の受験が心配です。

息子は今年、中学を受験します。学校のテストや塾の小テストはほとんど満点に近い成績で、勉強を見ていてもかなりデキる子だと思うのですが、大勢の子供が受ける全国模試となると、いつもアガッてしまい、惨憺たる結果になります。息子はすっかり自信をなくして、大きなテストが近づくと表情が暗くなる始末です。何かアガらない秘訣はないものでしょうか。(37歳・女・主婦)

こういうメンタルなことって、本人にしかわからないからね。お母さんが「しっかりしなさい」とか言っても、よけいつらくなるだけだから。

でも、それだけ普段の成績がいいってことは、コツコツ頑張って勉強してるってことだよね。いい息子さんじゃないですか。こんないい子、どこに行っても売ってませんよ。私なら、息子が塾行って勉強してるだけで100点満点。ホメてホメて、テストの点数なんか関係なし！　だから、お母さんもニコニコ笑って見守ってあげればいい。ニコニコ笑って「いいじゃない、前よりよかったじゃない」とか言って、とりあえずホメましょう。それでエビフライを揚げてあげよう(笑)。受験なんて何校も受ければいいんだし、そうやって経験と努力を積み重ねていくのも大事。いずれ本人が自分の力で克服していくんじゃないかな。

ただ、単にアガリ症っていうんじゃなくて、本当にパニック障害みたいなものだとしたら話は別。そこは見極めなきゃいけないんで、心配だったら一度、専門のカウンセラーとかに相談してみたらどうでしょう。「こんなふうにアガって、こんなふうになります」というのを相談してみれば、やっぱり専門家はいろんなパターンを知ってるので、アドバイスしてもらえると思いますよ。単なるアガリ症だとしても、そういう子の受験対策なんかも、いろいろ教えてくれるんじゃないかな。とにかく一番相談しちゃいけないのは親戚のおじさんとか。もうトンチンカンな答えしか返ってこないから。「空手で鍛えろ」とか「乾布摩擦しろ」とか、ワケわからないこと言い出すからね。

私の知り合いにパニック障害の子がいて、試験を受けることができなかったの。でも、成績はすごくよくて内申書もよかったから、推薦で一流大学に入ったよ。今はそういう道もあるから、ニコニコ笑って応援してあげてください。

結論

ニコニコ笑ってエビフライ。

㉔ 息子の部屋からロリコンマンガが出てきました。

高校生の息子を持つ母親です。息子はゲームやマンガは好きですが、特にオタクっぽいわけではなく、部活ではバスケをやっています。ところが先日、彼の部屋を掃除していたら、タンスの引き出しからエッチなマンガが出てきました。男の子も高校生ぐらいになればエッチなものに興味を持つのは自然なことだとは思うんですが、問題はそのマンガの中身です。いわゆるロリコンというんでしょうか、小学生ぐらいの女の子が、お兄ちゃんや先生とセックスをするような非常に過激なも

のでした。普通の裸の写真が載ってるような雑誌とかなら、見て見ぬふりをして放っておいてもいいと思うのですが、こういう場合はどうすればいいのか……。きちんと叱って没収すべきでしょうか。ちなみに、学校は共学ですが、彼女がいる様子はありません。（47歳・女・パート）

そこは〝君臨すれども統治せず〟です。息子の部屋にはノータッチで行きましょう。ママは息子のエロには絶対に関与してはいけません。

だいいち、まだ高校生でしょう。生マン怖いよ。私だって見たら引くもん。それと、やっぱりアニメとかマンガのエロのほうが、より妄想かき立てられていいよね。あと、ロリコンっていうけど、男の人ってだいたい年下が好きでしょ。で、高校生で自分より年下っていったら、もうロリコンしかないじゃん。しょうがないじゃん。

だから、息子さんは普通に年下の可愛い女の子が好きなだけです。しかも、バスケもやってて、いい子じゃないですか。これがものすごい熟女マンガとか獣姦モノとかだったら、ちょっと考えどころだけど、それはそれでアリだと思うし、やっぱり統治しちゃダメ。昔、鴨ちゃんの友達が万引きしたエロ本が超スカトロで、お母さんがソレ見てシクシク泣いてたって話があったけど、あのぐらいの年頃って何でもアリでしょ。「うわっ、すげえ」っていう好奇心もあるし、見なくていいものほど見たいもの。ウチの息子はこないだエロ本と思い込んで『ウホッ!!いい男たち』（山川純一の伝説的ホモマンガ）を見て、「いやー、見るもんじゃないな」って言ってたけど、最近だったら「娘は腐女子です。こんなすごいマンガを描いてます」っていうのもあるよね。

今はもうパソコンや携帯で何でも見れちゃうでしょう。それに比べれば、マンガなんて可愛いもの。息子さんは、手に入れられる範囲のもので一生懸命、創意工夫してるんですから、いじらしいじゃないですか。世界中の男が同じことやってるんだから平気です。どうしても心配なら、お父さんに相談してみたら？　きっと「そっとしとけ」って言うと思うけど。やっぱりチンコのことには口出ししちゃいけないですよ。

ただ、ティッシュはきちんとゴミ箱に捨てさせること。ウチの息子が捨てないんだ、ゴミ箱に。ベッドの脇に投げ捨ててある。お義母さんに聞いたら、鴨ちゃんもそうだったたって。血は争えないってのは、こういうことかと。どうしたらティッシュをゴミ箱に捨ててくれるのか、誰か教えてください。

結論

“君臨すれども統治せず”で。

㉕ 娘が漫画家になりたいと言い出しました。

高2の娘が「漫画家になりたいから、大学には行かずマンガを描く」と言いだしました。昔からお絵描きは好きな子でマンガもよく読んでいましたが、まさかそんなことを考えているとは思わず、驚いています。特に成績がいいわけでもなく、この就職難の時代に中途半端な大学に行くより、漫画家になれるならなってくれたほうがいいという気もします。でも、プロの漫画家になるなんて簡単なことではないでしょうし、娘の描きかけのマンガを見ましたが才能があるのかどうか私にはわかりません。娘に才能があるかどうか、どうやって判断すればいいのでしょう？　今は大学でもマンガ学科みたいなところがあるようですし、そういうところやマンガの専門学校に行かせたほうがいいのでしょうか？　アドバイスをいただければと思います。（50歳・女・主婦）

自分の好きなことがあって、それをやりたいと言うんなら、やらせてあげればいいじゃないですか。やりたいことが見つからなくて、どうしようもなくなってる人が今すごく多いですよね。それに比べたら、娘さんが「これをやりたい」と言えるのは、私だったら大喜びですけどね。今の女子の就職の厳しさからしたら、大学行くのもマンガのほうに行くのも一緒だもの。

ただ、期限はきちんと決めてあげたほうがいい。「20歳まで、これぐらいのお金しか出せないよ」と。それでも本当にやりたいなら、あとは自分でアルバイトでも何でもして、続けるでしょう。若いときの貧乏ってわりと平気だから、仕送りなんて少なめでいい。やっぱり親がカネやっちゃうと、いつまで経っても独り立ちしないから。知り合いの漫画家でも、売れてなくって30過ぎまで親に仕送りもらってるのがいるけど、そうなっちゃうと永遠にもらい続けるじゃん。だから、お金と時間の期限は決めて。

専門学校とかは経済的に行かせる余裕があるなら行かせてもいいし、行かなきゃ行かないでいいし。あんなの役に立たないって言う人もいるけど、専門学校からちゃんとした漫画家も出てますしね。まあ、そういう人は学校行かなくても出てきたと思うけど。

ただ、私が美術予備校に行って勉強になったのは、自分の作品と他者の作品を冷静に見比べることができるようになったということ。300人の絵を並べて、その中で自分が最下位だということがわからなかったの、最初は。「なぜ私が最下位で、この人が一番なの?」と、それぐらい自分が見えてなかった。勉強だと偏差値でわかるけど、絵ってわからないから、何となく自分は芸術的なものを持ってるんだと、子供だから過信しちゃってて。

なんか、すごい不細工なのに自分のことを可愛いと思い込んでるコがいるでしょう。あれと同じだったんです。でも、予備校で本当に上手な人の絵を見て、大学行ったらもっとみんな上手かった。で、「ダメだ、こりゃ」って。自分の実力がいかにダメかとわかって、「じゃあどうするのか」って、そこからですよね。そういう意味では、専門学校みたいにいろんな人が集まっているところに行くのも自分の位置を知るにはいいかも。

私なんて技術がないからアシスタントにも雇ってもらえない。でも、絵で食べていきたい、絵をお金にしなきゃいけない。そうすると、自ずと行くとこ見えてきますよね。エロ本でも何でもいいから、小さな仕事でももらう、私でも仕事をもらえるところを探す。そういうところから始めたんです。将来の『少年ジャンプ』の連載より、明日のお米代のほうが大事。どんな形でも、それで食べていければプロなんだから。

才能があるかどうかなんてやってみないとわからないし、親が判断することじゃありません。それは世間様が判断することです。まず世間様にお出ししてみないとわからない。とにかく自分をデビューさせてくれる雑誌を見つけることが大事。で、もし才能があって売れてきたら、私がつぶすので覚悟しておいてください（笑）。

結論

まあ、別に漫画家じゃなくても、高校生にもなった娘が進路について「これをやりたい」というのに反対することはないと思う。ひとつだけアドバイスするなら、「アルバイトはさせたほうがいい」ってことかなあ。お金をもらって、他人に怒ってもらえるという経験は貴重です。私もアルバイトでいろんな経験させてもらったのが財産になってる。いるだけで「可愛いね」って言われる時代から、いるだけで「邪魔だ、ババア！」って言われる時代まで、女の人のほうが描くことの引き出しが多いんですよ。だから、やっぱりいろんな場所でいろんな経験してほしいですね。

才能を判断するのは親じゃなくて世間様。

㉖父が元気なうちに相続税の対策をしておきたいが、言い出しにくくて……。

もうすぐ喜寿を迎える父がいます。5年前にガンの手術をしましたが、幸い初期だったため大事には至らず、今ではそこそこ元気に日常生活を送っています。とはいえ、年齢を考えれば、いずれは来るべきときが来ることを覚悟しておかねば、とも思います。そこで気になるのは相続税です。父は狭いながらも都心の一等地に土地を持っており、そこで商売をやっていました。店はもう何年も前に閉めましたが、店舗兼住宅の建物はそのままで、今でも両親2人でそこに住んでいます。もし父が亡くなった場合、相続税はかなりの額になるでしょう。恥ずかしながら一人息子の私にはそれほどの貯えもなく、払えずに物納なんてことになりかねません。今のうちに生前贈与とか何らかの節税対策をしておきたいのですが、父が死んだ場合の話を当の本人に切り出すのは気が引けます。どういうふうに話をもっていけばいいでしょうか。（45歳・男・電機）

これはもう「こういう土地を持ってる場合、どうなるのか」っていうのを、まずあなたが調べなきゃ。「相続税はかなりの額になるでしょう」なんて漠然としたこと言ってないで、路線価とか実勢価格とか調べて、弁護士さんとか専門家のところに持っていって、「何も対策しないとこうなる。こういうふうにすればこうなる」っていうのを具体的に出さないと始まりません。

それを先にやってから、お母さんに「このままだとこうなるんだけど」って具体的な数字を見せて話をして、それで今度はお母さんからお父さんに言ってもらうというのがいいんじゃないかなあ。

何もしないで、「親父、何とかしろよ」みたいなこと言ったら、それはお父さんだっていい気持ちしないですよ。相続税だけじゃなくて相続そのものの問題もあるから、そういうのを全部具体的にシミュレーションする。一人っ子なら兄弟で揉める心配はないけど、親戚とかが出てきて揉めることって、よくあるじゃない。

これだけは知っててほしい。相続ってどんなに仲のいい関係でも争いますよ。自分の家族のために、少しでも大きい魚を持って帰りたい。自分が嫌われて済むなら、それで家族がおいしいと言ってくれるなら、悪人になってしまう。そういう場合も、もう法律で決まってる分配があるんだから、そのとおりにするのが一番いいと思うんだけど。

とにかく、素人が考えてても埒が明かない。専門家が一番いい方法を知ってるので、資料をそろえて相談に行ってください。

結論

まずは具体的な数字を調べるところから。

㉗いつまでたっても親と仲よくできません。

いい年して恥ずかしいのですが、いまだに親と仲よくできません。特に家庭に問題があったわけではありませんが、中学生ぐらいの頃って、親と口も利かなくなるじゃないですか。そのまま大学で実家を離れ、正月もほとんど帰らないまま30年が過ぎ、もはや何をしゃべっていいかもわからなくなってしまいました。

とはいえ、ある年齢以降は「たまには親孝行を」と思って食事に連れていったりもしたのですが、「ひとつもうまくなかったな」などと人の好意を無にするようなことを平気で言います。最初に就職したときも、確かに知名度は低い会社でしたが、「そんな会社知らん」と言われ、ガックリした覚えがあります。そんなことが積み重なって、親との間に微妙な壁を感じるようになってしまいました。最近はさすがに親も年なので、たまに会ったときは優しくしようと心がけてはいますが、それでもキレそうになることがあります。どうすれば心穏やかに親と接することができるでしょう？

（48歳・男・自営）

まるで私と母親の関係みたいですね。私も自分の母親があんまり好きじゃないです。何でも否定形から入る人で、「そんなことしたら、みっともない」とか「アンタたちのために我慢してあげてるのに」みたいなことを言われて育ちましたから。東京に出るときに虎の子の１００万を出してくれたのは感謝してるけど、それはもうとっくに返したと思ってるし。

今は一緒に住んでてショッピング三昧で何不自由ないはずだけど、何不自由ないところが不満なんですね。何か文句言うところを見つけては言ってくるので聞こえないふりしてるんですけど、やっぱりうまくかわせなくてバシンって当たってくるときがある。なんか〝聞こえる小言〟を言うんですね。ウチの子背が低くて、「あんたが夜ずっと起こしてたから成長ホルモン出んかったわね。あんたがいかん」とか、80歳のババアから医学的批判をくらうとか。

でも、親と子は別の人間だし、別の人生なんですよ。仲よくできないものはしょうがない。日本人って「親孝行しなきゃいけない」と思いがちだけど、合わない人とは合わないし、それこそ早く死んじゃったほうがいいような親だって山ほどいるでしょ。それでも良心の呵責を感じるなら、季節ごとに贈り物するとか、仕送りを毎月３万円ずつでもしてあげるとか、そんなんでいいんじゃないですか。優しくしようとか思わなくていい。お金で解決しちゃいましょう。

そうはいっても、「親も年だし、そろそろ介護のことも考えなきゃ」と思うかもしれません。でも、それこそお金で解決しなきゃいけない問題なんです。だって、24時間介護してたら、仕事はどうするの？　自分や奥さんや子供の生活はどうするの？　医者も介護のプロもみんな言ってます。「素人じゃできないよ」って。寝たきりでウンコを投げてくる人を素人が面倒見れるわけがない。そんなの共倒れになるだけです。介護はプロしかやっちゃいけないんです。だから、そのためにもお金を貯めておかなきゃいけない。

親孝行もいいけど、そのへんちょっとはき違えて、優先順位を間違ってる人が多いんですよ。家族のことを考えたら、姥捨て山に捨てなきゃいけないときがあるんです。だから、本気で介護のことを考えるなら、早めにそういう施設を見つけておくこと。あとは資金面でのバックアップ。家族がやるべきは後方支援です。週イチでもいいから、お花を持っていって「大好きだよ」って言ってあげる。そして、お金を出してあげる。

だからもう、仲よくするとか親孝行とか考えなくていいんです。無理なものは無理。こないだ80歳ぐらいで離婚したいって言い出したおばあちゃまがいて、周りは「あともうちょっとなんだから、いいじゃん」って言ったら、「あともうちょっとだから、残りの時間は自由でいたい」って。その気持ち、わかるよね。あなたも48歳ということは、元気で楽しく生きられる時間って、そんなに長くないかもしれない。だったら、無理するよりも心穏やかに生きましょうよ。自分の親が嫌いな人は私も含めていっぱいいるので、そこにまたわざわざ近寄っていくことはないですよ。

一番大事なのは、家族と仕事でしょう。私、その家族に親は入ってないから。邪魔なものは親でも何でも捨てちゃわないと、自分が難破しちゃうから。鴨ちゃんのときも、「これ捨てないとダメだ」と思ったもん。肉親だからって我慢してると、結局、そのイライラが子供に向かって、子供に同じ因子を継がすっていう負の連鎖になる。それが一番恐ろしいんで、自分の代で切るべきですね。

というわけで、そもそも親と仲よくできないと悩むこと自体がムダ。親子仲よくなくてヨシ。困ったときはカネで解決。そのためにしっかり働きましょう。

結論

親子仲よくなくてヨシ。

しりあがり寿さん（54歳・男・漫画家）からの相談

オムツがとれた3歳から10歳くらいまでの自分の子供10人に「パパ、パパ」と言われて暮らしたいのですが、どうしたらいいでしょう（注：世話はしない、孫でも可、奥さんには内緒です）。

南の国の島々たは
そうゆう、もうビザも
帰りの飛行機代'tも
な――――い。
とゆう野良ゴーギャンが
たくさんいます。
さあ原稿用紙を
持って遠い遠い
南の島へ行きましょう。
大丈夫。
帰らなければ
バレたたならない。
ただしいあがりさん
子供10人作る
くらい精子
残ってないと
思う。

第3章（男と女編）ヤリたいときがヤレるとき

㉘ 彼女のアソコが臭いんです。はっきり言うべきでしょうか。

付き合って3カ月の彼女がいます。美人で気の強いタイプで、最初は相手にされなかったのですが、粘り強く口説いた甲斐あって、知り合ってから3年目にしてようやく付き合うことになりました。ところが、初めて彼女が私の部屋にお泊まりに来たとき、重大な問題が発覚しました。彼女のアソコが臭いんです。ワキガのきついやつみたいな感じで、かなり厳しいものがあります。それでもその日は頑張ってやり抜きましたが、入れた指にもニオイがつくほどで、洗ってもなかなか落ちません。それ以来、セックスする機会が何度かありましたが、快感よりも苦痛のほうが大きい状態です。それ以外に不満はないし、やっとの思いでゲットした彼女なので、別れたくはありません。病院で治療とかじゃなくても何らかのケアをすれば、ある程度ニオイを抑えられるのではないかと思うのですが、それを本人に言うべきかどうか。言うとしても、どう切り出せばいいのかわかりません。いい方法を教えてください！（28歳・男・飲食）

高須先生に聞いたんだけど、こういうの、「すそワキガ」っていうんだって。すごいのになると、カニが死んで腐ったようなニオイがするんだって。劇臭。でも本人にはわからないという。私だって自分で自分が汗臭いと思うことあるのに、そんなすごいニオイがわからないって不思議なんだけど。

でも、手術で治せるらしいよ。ケアとかじゃダメ。とにかくさっさと病院行くのが一番いいです。本人が気づいてないんだったら、言い出しにくくても言ってあげたほうがいい。そりゃ、ただ「くせえんだよ」「おまえのマンコはくさくて舐められねえよ」とか言ったら傷つくけど、「ちょっと気になってるニオイがあるんだけど、こういう症例だと思うんだ」「一度、医者に診てもらったらどうかな」って言ってあげたら、そのときは感情的になっても、１年後とか後々すごい感謝されると思うんだよね。私がもしそうだったら言ってもらいたいし。

別れたいっていうんだったら放っておけばいいけど、あなたが彼女のことを好きで、一緒にいたいんだったら、勇気を出して言うしかないよね。あなたが言わなければ誰が言うのだ、って話。対処方法も含めて言ってあげましょう。

それによって傷つく傷つかない、怒る怒らないっていうのは、日頃のあなたの態度、これまでの関係の築き方次第。女の人ってポイントカード制だから、ずーっと何も言わなくてもポイントは貯まってて、最後の何気ない一言でカードがいっぱいになって、激怒して別れたり刺したりするんだから。でも、日頃から優しくしていれば、そんなことで怒ったり別れたりしないし、何を言われても真摯に受け止めると思いますよ。
あなたにとって彼女がどれくらい大事かってことですね。言う価値もないなら別れればいいし、そうじゃないなら言ってあげる。で、無事治ったら、しっかり舐めてください。舐めないと捨てられますよ。

結論

しっかり治してしっかり舐めろ。

㉙ 20歳以上も年下の部下の女性を好きになってしまいました。

いい年をして恋愛の悩みというのも恥ずかしいのですが、22歳も年下の部下の女性を好きになってしまいました。同じチームで仕事をしているうちに、彼女の熱心な仕事ぶりと細やかな気配りに感動。今どきの若い子が知らないような古い映画や音楽のこともよく知っていて、話をしていても楽しいのです。取引先との打ち合わせ帰りに２人で飲みに行ったこともありますが、向こうも「上司の誘いだから仕方なく」という感じではなく、楽しんでいたように思います。幸か不幸か、私はこの年まで独身（何人かの女性と付き合いはありましたが）ですので、仮に彼女と付き合ったとしても不倫にはなりません。とはいえ、ヘタに口説くとセクハラになりかねませんし、せっかくのいい関係が壊れてしまうかもしれません。このままの上司と部下の関係でいたほうがいいのか、思い切ってアタックしてみたほうがいいのか、とても悩んでいます。（48歳・男・広告）

何この可愛らしい恋バナ（笑）。誰にも遠慮することないじゃないですか。さっさと当たって砕けましょうよ。上司と部下とかセクハラとか気にするのはわかるけど、正直に「好きなんだけど、どうですか」って聞いてみて、それでダメだったら元の上司と部下に戻ればいい。中途半端に先延ばしにして、酔った勢いで手をつないで「チューしてみようか」とかってやっちゃうと、えらいことになりますよね。

「一度だけですけど、言っていいでしょうか」「女性としてキミを魅力的だと思うんですけど」みたいに、きちんとシラフで聞いてみましょう。で、ダメだったらもうキッパリ忘れて、上司と部下。それでいいじゃないですか。「好意は持っていますけど、お父さんみたいな感じで、全然そんなふうには考えていませんでした」っていうのが、たぶん7～8割じゃないかと思いますけど。でも、50も近くなって、こんな恋ができるなんて素敵じゃないですか。最後の恋かもしれませんから、ここはひとつ思い切って当たって砕けてみてください。

結論

さっさと当たって砕けましょう(ただしシラフで)。

㉚国際結婚に親が反対しています。

見た目も性格も地味な私。今まで男の人と付き合った経験もあまりなかったのですが、ついに理想の相手を見つけました。ボランティアサークルで知り合った2つ年下のカナダ人の彼です。英会話学校の講師をしながらNPOで活動し、フリーペーパーを作ったりもしている真面目で優しい人です。半年間の交際を経て、結婚の約束もしました。でも、両親が反対しているんです。これまでさんざん「いい人はいないのか」と言っていたくせに、相手が外国人とわかると「絶対苦労するから」「うまくいくわけない」などと言って、許してくれません。彼と結婚したい気持ちは変わりませんが、両親に祝福されない結婚は悲しいです。どうすれば両親に認めてもらえるのでしょうか。
(29歳・女・販売)

親は誰を連れてきても文句言うんですよ。東大とか早稲田とかを出てる銀行員でもない限り、必ず文句言うね。いや、東大や早稲田でも文句言う親は文句言うから。

だからもう無視してさっさと結婚して、さっさと孫を産んじゃえばいいの。孫ができればコロッと変わりますから。それでもダメなら、もう親とは離れましょう。いい年をして親の言うことを気にする必要ないですよ。

ウチの娘がとんでもないダメ男を連れてきても、それはそれでしょうがないと思ってます。失敗しないとわからないもの。一回ぐらい失敗したほうが、次の幸せを手に入れるためにはいいと思う。一回男に殴られて、こういう男とは付き合っちゃダメってわからないと。というか、鉄板でどうしようもないのと一緒になるね、ウチの娘は。母親譲りで趣味が悪いから（笑）。

逆にすごく優しい男と結婚してワガママになっちゃう女性もいるよね。ダンナがすごくちゃんとやってくれてるのに、文句ばっかり言ってるの。結局、長続きしないじゃん、そういう人たちって。

だから、相手がどうとか関係ないよね。だって、どんなに戒律の厳しい宗教の娘さんだって、惚れた男ができたら駆け落ちしちゃうんだよ。遺伝子命令なんだよ、あれは。で、ダメだったらさっさと帰ってくるから、親は心配しなくていい。そのときに可愛い孫が付いてきたらお得じゃん。

というか、そもそも親に相談する必要ないと思うんだけど。親も子離れしてないけど、あなたも親離れしてないんじゃない？　そのままだったら、どんないい人と結婚しても、親がアレコレ口出ししていさかいになっちゃうよ。

離婚なんてちっとも恥ずかしいことじゃないんだから、いくらでもやってみればいい。やれるうちにどんどんやって、子供を増やしておきましょう。ダンナは替えられるけど子供は替えられませんからね。

結論 無視してさっさと結婚して、さっさと孫を産むが吉。

㉛ 60代の父が30代の女性と同棲。妙にやつれてきました。

現在65歳の私の父は、母を数年前に亡くしてから、一人暮らしをしていました。ところが、1年ほど前から30代半ばの女性が頻繁に父の自宅に出入りするようになり、今では半同棲状態になっています。私と同世代の女性と父が交際するのは複雑な心境ですが、父はメロメロで、自宅も含めた財産を、すべてその女性にあげたいと言い始めています。私は嫁いでいるので、父の身の回りの世話を焼いてくれるのは有難いし、まあ財産目当ての面があってもしょうがないとも思います。問題は父がやせ細ってきたことです。身体は特に悪いところはなく、どうやら原因は、若い彼女のために夜の営みを頑張りすぎているからのようです。父の体が心配なのですが、どう対処すればいいでしょうか。（34歳・女・主婦）

結構なことじゃないですか。若い彼女ができて、もう一度青春してるんでしょ。60過ぎてメロメロなんて素敵ですよ。「体が心配」って言うけど、腹上死したらそれはそれで最高に幸せな死に方じゃないですか。いがみ合ったり、寝たきりになったり、見たくないようなものばっかかり見て死ぬんですよ、普通。そんな嫌な死に方するのに比べたら、もう万々歳。どうせいつかは死ぬんだし、これが最後の恋なんだから、好きにさせてあげましょうよ。何の問題もありません。放っときゃいいんです、ハイ。

結論

腹上死したらラッキーと思え。

32 30歳を過ぎて、いまだに童貞です。

高校を卒業してからフリーターを経て、今は知り合いに紹介された小さなデザイン事務所でデザイナーをやっています。デザイナーといっても、チラシやカタログ、販促物などがメインで、全然おしゃれでも華やかでもありません。クライアントの無理な注文で残業続き、事務所は男ばかりで出会いもありません。そんなこんなで、ふと気がつけば、彼女いない歴＝年齢のまま、30歳を過ぎてしまいました。風俗にも行ったことがありません。正真正銘の童貞です。女性に興味がないわけではなく、性欲も普通にあるんですが、今さら風俗で童貞を捨てるのもむなしい気がして、行く気になりません。でも、一生童貞のままで死ぬのもいやです。一度でいいので「彼女とセックス」という体験をしたいと思うのは、ぜいたくな願いでしょうか。（31歳・男・デザイナー）

男の人は30歳過ぎてやっと大人ですからね。これから頑張って彼女を見つければいいんです。陶芸でも何でも適当に女子のいそうな趣味のサークルとか、真面目な婚活サイトとか行けばいいいだけ。ただし、インチキな出会い系サイトでダマされないようにね。出会い系以外のところで探してください。

時間がない、出会いがないって言うけど、マンコは道端に落ちてないんでね。拾いたかったら山に柴刈りに行かなきゃいけません。彼女がいない男の人も多いけど、彼氏のいない女の人も多いので、需要と供給はどっちもあるはずなんですよ。

だけど、とりあえず風俗でも何でも行って、童貞は捨てといたほうがいいんじゃないかな。今はカワイイ娘いっぱいいるよー。後生大事に守るもんでもないと思うし。童貞で喜ばれることって、なくはないと思うけど、30過ぎじゃどうかなあ。仕事だってセックスだって、経験はないよりあったほうがいいんです。知り合いで風俗童貞っていう男の人がいるけど、「今さら風俗行って、『こういうとこ初めてで』とか言えない」「若いときに行っとけばよかった」って。だから、行けるときに行っとけばいいと思うんだけど。

ていうか、あなたは彼女が欲しいのか、セックスがしたいのか、どっちなのかな。「彼女とセックス」って、それワンセットになってるのがヘンだよね。今、気になってる女性がいるなら、当たって砕けてみればいいし、まず経験値を上げようよ。黙って待っててもマンコは降って来ないから。北方謙三さんじゃないけど、言わせてもらうよ。

結論

とりあえずソープに行け！

ソープに行け！（北方りえぞう）

33 妻子ある人との関係をやめるべきか続けるべきか。

8歳年上の妻子ある男性と付き合っています。仕事の関係で知り合い、付き合い始めて3年くらいになります。いわゆる不倫関係ですが、彼は家庭を壊すつもりはないと明言していますし、私も彼との結婚を望んでいるわけではありません。彼と過ごす時間は楽しいいし、お互い束縛しない関係は楽でもあります。ただ、30代に入ってふと「このまま続けていていいのかな」という思いが浮かんできました。結局、彼は最終的には家庭に帰っていくわけで、そのとき私は一人で取り残されてしまう。だったら、今のうちに彼とは別れて、末永く一緒にいられる相手を見つけたほうがいいのかしら。でも、今すぐ別れる気にもなれないし……などと、いろいろ考えてしまいます。今の楽しい関係を続けるべきか、将来のことを考えるべきか。どっちを選ぶべきでしょうか。（30歳・女・自由業）

前にオーケストラの人としゃべってたら、「いやあ、ウチ不倫率高くて」って言ってたけど、それは音を合わせてるんだから、しょうがねえよなっていう。だって、ヤッちゃったほうが早いもんね。フィギュアスケートのペアとか社交ダンスとか、「アンタら、ヤッてないほうが不自然じゃん」みたいな。しかも、そういうクリエイターの人たちって、従来の決まりやモラルを破るのが仕事だから、「この人いいな」と思ったら、さっさとヤッちゃう。あなたも自由業なんだね、じゃあダメだ（笑）。

そりゃ、たまに会ってデートするだけの拘束しない相手って楽に決まってるよ。女の人が自立してたりすると、よけいにね。そのまんまの関係でダラダラしてるのが好きなんじゃない？　別にやめる必要もないと思うし。今の相手より好きな人が見つからないというか、見つける努力をしてないだけでしょう。

ただ、30歳といえば、そろそろ出産年齢を考えたほうがいいですね。結婚はいつでもできるけど、出産はなるべく35歳ぐらいまでにしておいたほうがいいから。そこからいろいろ逆算できますよね。私の知ってる女の人でも、30歳過ぎの駆け込み出産多いもの。そこらへんで27～28歳ぐらいの若い男をガッと捕まえて、さっさと妊娠してまた別れるんですけどね。男はいらんけど子供だけは、みたいな。だから、別に子供はいらないっていうんだったら、全然そのままでいいと思いますよ。逆に子供が欲しいんだったらリミットがあるから、ちょっと相手を変えておかないとね。

不倫で大人の恋愛って何で長続きするかって、相手の立場を尊重するからだよね。「あんなこと言っちゃいけない」とか。それ、次の恋愛に持ってこうよ。どっちにしても恋愛はいっぱいしたほうがいい。不倫とかそういうの、私は全然屁とも思わないので。生きてるうちに何人かは好きになるじゃないですか。その気持ちを無理に抑えつけることはないと思う。でも、あなたの場合、次を見つける努力はしたほうがいいですね。スペアっていうかバックアップはとっておいたほうがいいですから。

私の周りのもののふの女たちは「3チンポ持て」と言ってます。「いいですか、1チンポではいけません。それがなくなったらどうするんですか」「必ず2本はバックアップを持っておくように」って。泳がせておいてもいい、年に1回くわえるだけでもいいんです。必ずバックアップを持っておいてください。

そうじゃないと、この相手の人が「ゴメン、やっぱ奥さんにバレちゃったし」ってなったときに路頭に迷うじゃないですか。30過ぎて彼氏がいなくて路頭に迷うと結構立ち直りがきついんですよ。仕事も何もできなくなったら大変じゃない。

女の人って一途になりがちだけど、それって相手の悪いところが見えなくなる病気だから。でも、二股、三股かけておくと、それぞれのいいところと悪いところがよくわかる。だから、冷静になるためにも2チンポ、3チンポをおすすめします。そういう努力は怠らないほうがいいですね、女として。新しいのを見つけて、携帯2～3台使い分けるぐらいの緊張感を持つ。そのほうが今の相手との関係もよくなるかもしれませんよ。緊張感なくダラダラ付き合ってると、要するにダレた奥さんと同じことになっちゃって、向こうだってイヤだろうし。ていうか、向こうは二股かけてるわけだから、こっちが二股かけていけないことはないですよね。恋愛はフェアじゃなきゃいけません。

結論

とりあえずバックアップの用意を。

㉞彼氏のセックスが物足りないんです。

付き合って1年半になる4つ年上の彼氏がいます。知り合いの紹介がきっかけで付き合い始めましたが、本や映画の趣味も合うし、話も面白く、優しくていい人です。ただ、ひとつだけ不満なことがあるんです。ちょっと言いにくいんですが、それは彼がセックスに対してすごく淡白だということです。週に3日はどちらかの家にお泊まりしているのに、セックスは週に1回どころか月に1回かせいぜい2回。それも、わりとあっさりした感じで、15分ぐらいで終わってしまいます。当然イクことができないので、それとなく〝おかわり〟をねだってみても応じてくれず、何だかモヤモヤした感じが残ったままで、仕方なくこっそり自分でしちゃったり……。回数は少なくてもいいので、せめてもうちょっと濃厚なセックスをしてほしいと思うのですが、どうすれば彼氏をその気にさせることができるでしょうか。自分が特別性欲が強いわけではないと思うのですが……。（28歳・女・貿易）

今は男の人で淡白な人って多いみたいですね。私の周りにいる人たちもわりと淡白というか、女遊びもしないから彼女は安心、みたいな。

ところが、さっき話した2チンポ、3チンポの人たちは違うんですよ。周りにいる男もやっぱり猛者で、「男がやりたくないわけないじゃない」とか言ってて。お互いが勝負師というか常にバーリトゥードな人たちなので、話聞いてたらすごいのね。「んー、そうねー、前のダンナとのセックスは〝デザートがすき焼き〟って感じかなー♡」って、「何言ってるのアンタ」みたいな。「だいたい前後合わせて4時間ぐらいかなー」って、これがホントの徹マンかと。何を4時間もやってるのか、よくすり切れないなと思ってね。そんなニシキヘビが鹿を呑み込んでるんじゃないんだから、恐ろしいったらありゃしない。あなただって、そんな男が来たら来たで困るでしょ？

類は友を呼ぶじゃないけど、ツワモノのところにはツワモノが、淡白な人のところには淡白な人が集まるようにできてるんですよ。志麻子ちゃんのところには道場破りみたいに「頼もう！」ってのがいっぱい来るんだって。そんなのウチには来ないから。ただ、あなたの彼氏の場合はちょっと淡白すぎるかもね。アメリカ人だったら離婚訴訟になるレベル。ていうか、日本人で夫婦だったら月イチとか全然普通だと思うけど、付き合って1年半ぐらいだったら、もうちょっと何かこう、めくるめくものがあったりしてもいいよねえ。

思うんだけど、週に3回どちらかの家にお泊まりしてるっていうのがよくないんじゃない？　そこはあえて減らして週イチにしましょう。一緒にいすぎると、ホントに困るから。

好きの魔法が一瞬でなくなっちゃう。私の周りの夫婦でも、ダンナさんが週イチしか帰ってこないようなところのほうが仲いいもの。子供たちもお父さん帰ってくると大喜びだし、その日のためにみんなでご飯作ってお部屋も掃除して、っていう。週3回だと、もうホントにオナラもしちゃうし、2人でパンツ一丁でラーメン食べちゃうようなことになったら、それは彼氏だってヤル気しないよね。お互いの部屋でお互いの汚れ物とか見せつけながら、「さあヤろう」ったってさあ。

だから、もうちょっとイベント化したほうがいいんじゃないかな。普段は外でデートして映画見てご飯食べて別れる、と。で、たまに旅行に行くとか、それこそラブホでも行って、「カネもかかってるし、ヤらざるをえん!」みたいな状況を作っちゃう。私も仕事で大阪のリッツカールトンに泊まったとき、エグゼクティブの角部屋ですごいいい部屋だったもんではしゃいじゃって、そのとき付き合ってた男に電話して「もったいないからヤリに来い!!」って言ってヤッちゃったもん。そういう「もったいない感」も必要だよね。

やっぱり家でダラダラしてたらダメですよ。ちょっと一緒にいる時間を減らして、その分、近場でいいから月1回旅行に行くとかね。あと、先輩のおばちゃんたちが言うには、とりあえず持続力だけを求めなさい、と。あとはこっちで工夫するの。お互いがマグロになって「さあ、どうしたどうした」っていうんじゃ始まらないし。そこはもう、こっちが上になってうまいことやりましょう。

結論

「カネもかかってるし、やらざるをえん!」状態に持っていこう。

35 彼氏と食べ物の嗜好が合いません。

付き合って1年ちょっとの彼氏がいます。付き合いだすと急に威張るような人もいますが、彼はそんなこともなく、一緒にいてとても楽しい人です。ただ、ひとつ困っていることがあって、それは食べ物に対する好みがまったく合わないということです。

私は特に好き嫌いはないのですが、基本的には和食派で、お酒を飲みながらおいしいものをゆっくり食べたいクチです。ところが彼は、「ラーメン二郎」とか「すた丼」とか、ああいうジャンクなものが好きで、しかも食べるのがすごく早いんです。一緒に居酒屋さんとかに入っても選ぶメニューが全然違って、私はお刺身とか煮物を食べたいんですが、彼が選ぶのは揚げ物とかお肉系ばかり。私は彼の好きなものも食べられますが、彼はお刺身や野菜はほとんど食べないんです。

そんなの、お互い好きなもの頼んで食べればいいじゃんと思われるかもしれませんが、一人ではそんなに量が食べられないし、せっかく一緒にご飯食べるのに別々のものを食べてるのも寂しいので、たいてい彼の好みに合わせることになります。そうすると何となく不満がたまって、たまに自分の食べたいものを頼むのですが、彼はお酒も飲まないし食べるのも早いので、私が食べ終わるのを待ってる感じになって、食事を楽しむという感じになりません。家で食べるときも同じようなことになってしまいます。贅沢な悩みかもしれませんが、もし将来結婚でもするとなれば毎日の食事は大問題です。お互いが満足できる解決法はないでしょうか？（26歳・女・メーカー）

これはほとんどの女の人の悩みですね。男の人って「カレー大好き」「ハンバーグ大好き」みたいな〝子供舌〟の人、多いから。カップ麺が大好きだったり、ご飯の前にスナック菓子ワシワシ食ってたりとか。「おまえは中学生か！」みたいなこと、平気でするよね。

でもこれ、考えようによっては、すごい便利なんですよ。三食カレーで文句言わないとか、そういう人がダンナだったら楽じゃない？　逆に、和食好きで味にうるさいダンナなんて最悪ですよ。そういう部分に繊細な人って、たぶんいろんなことに神経質。神経質な夫が一緒にいるぐらいつらいことはないからね。

だから、あなたの彼氏は結婚するにはすごくいい人だと思う。体のことも考えて、ちょっと野菜多めのすた丼とか作ってあげれば、わりと喜んで食べてくれるでしょうし、何なら麦飯とか混ぜといてもわかりゃしませんから、こういう人たちは。こっそり健康にしちゃえばいい。

お酒飲まないというのもダンナとしては最高。だって、ダンナが飲むと、どう考えても奥さんのほうが我慢しなきゃいけない局面が多いんですよ。ところがダンナが飲まないと、バーベキューの帰りのクルマを運転してくれて、二日酔いもないから翌朝子供を保育園に送ってくれる。飲まないダンナほど便利なものはありません。私ら、お母さん仲間でも、飲まないダンナってすごい点数高いですよ。

まあ、結婚してからのことはともかく、今どうするかって話なんでしょうけど、それも考え方次第でね。たとえば、ケーキを食べに行くとかお洋服を見に行くときは、彼氏じゃなくて女友達と行くでしょ。それと一緒で「彼氏と食べるときはラーメン屋」「お酒飲みながらゆっくりおいしいものを食べるのは女友達と」というふうに分けちゃえば？　私の知り合いなんかでも、「ベッド用」「デート用」って3～4人の男と付き合ってる人いるけど、用途別に分けて考えればいいんです。

だいたい、いつでもどこでも彼氏と一緒にいたがるのは女の人の悪い癖。飲むときぐらい別々でいいじゃん。彼氏だって、飲めないのに居酒屋行っても楽しくないと思うし。たとえばお互い映画好きなんだったら、家で彼氏がDVDとか見てる横で自分のつまみだけ作って飲みながら一緒に見るとか、カラオケ好きだったら、カラオケボックスで飲むとか。そういう彼氏がくつろげたり楽しめたりする場所で飲むという折衷案もある。彼氏の部屋に遊びに行って、彼がゴロゴロしてる横で勝手に晩酌しながら、二人でベラベラしゃべってるとか、そういうのもいいんじゃないかな。

究極は、彼氏を肴に飲むという。なんかほら、ちょっと犬みたいに甘える男の人っているでしょ。お腹出してゴロンみたいな。そんな彼氏のお腹とかお尻を揉みながら、耳とかほじりながら晩酌して、一緒にDVDでも見ながら寝るというのが理想的。スキンシップにもなるし、すごくいい関係が築けると思いますよ。

結論

ダンナにしちゃえば便利で楽ちん。

36 なかなか結婚してくれない彼を決断させるには?

付き合って2年になる同い年の彼氏がいます。私としては、そろそろ結婚を……と思っているのですが、彼氏のほうがなかなか煮え切りません。男の人の31歳は「まだまだ」なのかもしれませんが、女の31歳はかなり瀬戸際です。彼氏のことは好きですし、ここで別れてまたイチから相手を探すのも正直しんどいです。彼の側に結婚したくない理由がはっきりあるならこちらも考えるのですが、その話になると「あわてなくてもいいじゃない」「もうちょっと恋人同士でいたい」とか言って、何となくうやむやにされてしまいます。こんな彼をその気にさせるには、どうすればいいでし

ょう？（31歳・女・歯科助手）

じゃあ、しなきゃいいじゃん。結婚って「してもらう」ものじゃないよね。何でそんなに結婚したいのかな？「彼氏が煮え切らない」って言うけど、だいたい男の人にとって今の結婚は分が悪すぎなんですよ。奥さんが専業主婦だったりしたら自分の稼ぎの9割5分持っていかれて、それで「浮気はするな、酒も飲むな、海外旅行に連れていけ、子供の面倒を見ろ」って、それは嫌だと思うでしょう。だからもう、できちゃった婚ばっかりですよね。子供でもできないとなかなか踏ん切りがつかない。

あなたは彼氏と一緒にいて楽しいの？　それとも結婚したいから一緒にいるの？「彼氏のことは好きですし」って本当に好きなの？「ずっと一緒にいたい」とか「この人が死んだら生きていけない」って感じじゃないよね。「別れてまたイチから相手を探すのも正直しんどい」なんて言われたら、私だったら泣いちゃうな。なんか、彼氏が病気にでもなったら「もういらない」って言いそう。収入が減ったらいらないとか、借金こさえたらいらないとか。目の前で川を流されていっても助けてくれなさそう。

要するに「30歳を過ぎたからそろそろ結婚」っていう固定観念だけで言ってるみたいな

気がするの。あと、自分の資産価値が年々落ちてることに気がついて焦り始めた、みたいな。仕事がきつくて辞めたいというのもあるのかな。全体的に「何とかしてオーラ」「養ってくれオーラ」が出てるように見えるんだよねえ。それは彼氏だって引きますよ。もう彼氏の不安が手に取るようにわかる。結婚しても楽しくなさそうだし。悪いけど、ウチの息子の嫁には絶対いりません。

夫婦は親友であり戦友でないと成り立たないと思うんだ。つまりフェアでないと。どちらかがどちらかに負担をかけるばっかりじゃ何十年ももたないよね。言ってみれば結婚てさあ、フェアトレード、等価交換じゃないかな。

現実的に言うなら、医者と結婚したきゃ医者になれ、と。意地悪だけど、たとえばあなたにものすごい資産があったら、彼はあなたとの結婚を渋るかな？　つまり、あなたの結婚したい素敵な彼とあなたは同等ですか？　フェアでない結婚は、してもらったが最後、恋が冷めたら人は変わります。そうなったら、どんなみじめな何十年が待ってることか。だから、〝してもらう〟結婚だけはやめてね。

どうしても彼と結婚したかったら、彼の持っている仕事力や人間力と自分の持ってる力を同等にする努力をしようよ。要は売りどころを鍛える。長い人生お互い助けが必要なときが必ず来ます。突然の嵐が来ます。そのとき絶対、相手の手を握ってあげられるように。彼氏をどうこう言う前に、あなた自身が何で結婚したいのか、もう一度考えてみて。頑張ってたら、もっといいのが来るかもしれないしね。

結論
「何とかしてオーラ」が出てる女と誰が結婚するかっての！

37 なぜか面倒くさい女とばかり付き合ってしまいます。

ダメな男とばかり付き合ってしまう女性のことを「だめんず・うぉ〜か〜」なんて言いますが、私の場合はその逆です。20歳ぐらいから数えて5人ぐらいの女性と付き合いましたが、そのうち4人が情緒不安定なメンヘラ系で、夜中に呼び出されることもしょっちゅう。睡眠薬の飲み過ぎでラ

りった声で電話がかかってきたこともありますし、どこから手に入れたのか、大麻でバッドトリップしてSOSの電話がかかってきたこともあります。

決してそういう女を選んでいるわけではありません。知り合うきっかけも怪しげなクラブとかではなく、普通に仕事関係や合コンとかです。普通に可愛くて面白いコだと思って付き合い始めて、ある程度関係が進むと正体を現すというか、「聞いてないよー」みたいなことになって……。まあ、多少のワガママならいいんですが、薬とかそういうのは勘弁してほしいと思います。付き合いきれずに別れようとすると、これまた一騒動です。その手の女はもうこりごりなんですが、事前に見分ける方法はありませんか？（36歳・男・通信）

ていうか、見分ける見分けない以前に、向こうがあなたを選んで寄ってきてると思う。ほら、サバンナでライオンとかが狩りをするときって、とにかく弱いものを狙うでしょ。それと一緒で、この手の女は「この男なら自分の面倒を見てくれそう」って人をスカウターでキャッチしてるんですよ。だから、体育会系とかには絶対近寄っていかない。あなたはきっとそのスカウターにピコーンと反応してるんだよ。「こいつなら」っていうオーラが誘蛾灯のように体中からにじみ出てるんじゃないかな。まずそこを自覚して。

女でいえば、岩井志麻子ちゃんも誘蛾灯でね、電波系をいっぱい呼び寄せてる。彼女自身も相当隙があって、「私の元恋人がアラブの王族で」とか言ってるのを真面目に聞いてるから、後ろから頭をはたいて「そんな話、信じるなよ!」って言うんだけど。ちゃんと見てれば、その人がウソつきだってわかるんだけど、自分が興味のあるところ以外は見ないんだよね。たぶん人を見るときの優先順位が違ってる。

私もそういうところはあって、その人の性格よりも収入よりも肩書よりも「面白い」っていうのが上なのね。だから、「面白い犯罪者」「面白い性格異常者」「面白い社長」「面白い大金持ち」というのが同じラインに並んでるので、人脈に非常にムラがある。

あなたの場合も「普通に可愛くて面白いコ」って言ってるところに、危ないものを感じますね。センサーがだいぶ壊れてるというか、ゆがんでるというか。こりごりって言いながら、たぶんまたそういうのを引いちゃうんですよ。で、引いちゃったときどうするかというので参考になる話があって、「週刊新潮」の編集部に「もうすぐ浩宮さまと結婚するから、早く記者会見を開いてください」っていう女が何度も来てたんだって。しょうがないんで「ここが記者会見場なので、ここに行ってください」って「週刊文春」の住所と地図を書いて渡したら、女がじーっとそれを見て「この会社からここに来るように言われたのよ!!」って。「やられた!」「文春恐るべし!」みたいな。それで「最後どうしたの?」って聞いたら、「朝日新聞社の住所を渡した」って(笑)。なかなかいい話だなあ、と思ってね。だから、そういうのを引いちゃったら、うまいことよそに回しちゃえばいいんじゃない？　それか、キャッチ・アンド・リリースで元あった場所に戻す。生態系は守らないといけませんから。

まあ、今までそういうのと付き合ってきて、妊娠させなかっただけよかったよね。知り合いでそういう女と結婚して女の子が生まれて、でもどうしても我慢できなくて別れちゃった人がいて。養育費はちゃんと払ってるんだけど、娘がどんどん母親に似ておかしくなっていくという。それをただ見てるしかないというのが気の毒で気の毒で。そんな不幸を招かないためにも中出しはしないようにしてください。

あと、具体的な対策としては、自分のセンサーが壊れてるんだから、もう自分で選ばないこと。合コンとかじゃなくて、友達の紹介とかがいいですよ。真っ当な結婚生活を営んでる夫婦に紹介してもらうのが間違いない。「これこれ、こういうことがあって」と正直に話して、「どうも自分で選ぶとダメみたいなのでお願いします」と。自分の趣味ってなかなか変わらないから、見る目のある友達に選んでもらうのが一番です。

結論

自分のセンサーを信用するな。

38 元カレと結婚した友達を祝福できない。

学生時代の友達が、私の元カレと結婚しました。といっても、彼女が私の彼氏を奪ったとかいう話ではなく、本当に偶然なんです。その彼氏とは2年ぐらい前に別れていて、彼女が一時期海外に留学していたこともあり、彼女に彼氏を紹介したこともないんです。それがたまたま全然別のルートで知り合って、トントン拍子に結婚することになり、相手の名前を聞いてビックリ、みたいな。なので、彼女を恨む筋合いはないのですが、「何で私じゃなくてアナタが彼と結婚するの？」というモヤモヤした気持ちは拭いきれず、素直に祝福する気になれません。彼女には彼が私の元カレであることは言ってないので、結婚式にも呼ばれたのですが、さすがに気まずくて欠席しました。でも、大人としてやっぱりお祝いぐらいは贈るべきでしょうか。また、いずれは会う機会もあると思いますが、そのときどういう態度を取ればいいでしょうか。（27歳・女・アパレル）

ハッキリ言ってしまうと、あなたが今、うまくいってないということでしょう。自分が彼氏とうまくいってたら、元カレよりいい男と付き合ってたら、こんなこと屁とも思わないわけでね。人の幸せが妬ましい、羨ましいと思うときって、自分が幸せじゃないときだから。彼氏の問題だけじゃなくて、仕事とか家族関係とかお金とか、どこかにイライラ、モヤモヤの原因があるはずです。

そういう自分の精神状態をまず認めること。そして、きちんと冷静に見つめれば、どこかにすごく無理してる自分が見つかるはず。その原因を取り除いてあげない限り、イライラは収まらないと思いますよ。

とりあえずお祝いは普通に贈ればいいんじゃない？ 安いものじゃなくて、それなりに程度のいいものをね。間違っても猫の死骸とか送っちゃいけませんよ。ますます自分で自分が嫌になるだけだから。

会っちゃったって別に普通にすればいいんじゃない？ だって、付き合ってたのは2年前なんでしょ。そんなのもう、ヤッてないも同然。知らん顔してればいい。どこかでバレて夫婦仲にヒビが入ってもそんなの知ったこっちゃないし。

ていうか、そもそも相手は付き合ってると思ってたかどうかもわかんないよ。デートしてセックスしてても「いや、付き合ってないから」みたいな男、いるよね。「俺は一言も付き合ってるとか結婚するとか言ってないよ」って。それで30過ぎた大人が刃傷沙汰になった知り合いもいる。運が悪かったのは包丁が2本あったことで、「1本は押さえたんだけど、もう1本で刺された」って。そんなことにならなかっただけよかったじゃん。

この際、もう全部なかったことにするって手もある。元カレなんてこんなことでもなければ二度と会わなかっただろうし、その友達だって別にそんなに大事な人じゃないんでしょ、自分の人生の中で。だったら、友達ごと「なかった箱」に入れちゃえば、結構すっきりすると思うけど。

それより何より、まずは自分の今の状況を見つめ直すのが先かなあ。

結論

敵は己の中にあり。

伊藤理佐さん（42歳・女・漫画家）からの相談

夫婦して漫画家です。
2人して家で仕事しています。
ヘタするとずっと一緒なので、なるたけ家の中で会わないようにしていて
（台所で会わないようにお茶を我慢するとか）、とても仲がいいです。
が、仲がいいだけです。
これからもこれでいいのでしょうか。
ちなみにムスメが2歳です。かわいいです（関係ないか…）。

それはお二人共
昔たくさん
失敗してるから。
どんなに大切なこと
なのか わかってるから
なんですよね。きっと。
ずっと大切でいられます
ように。
仲良し。

第4章（性格編）直すより慣れろ

39 最近、涙もろくて困るんです……。

「男は人前で涙を見せてはいけない」と教えられて育った昭和の男です。ところが、不惑を過ぎた頃から、どうも涙腺が弱くなってきました。いや、近しい人のお葬式とか娘の結婚式とかで泣くのならいいんですが、本当にちょっとしたことで泣いてしまうんです。特にヤバイのが映画。昔だったら絶対泣かないどころか、半分バカにして笑ってたようなベタベタな泣かせ映画でまんまと泣いてしまって、周りに気づかれないようにするのが大変です。『おっぱいバレー』や『ルーキーズ』で涙があふれてきたときには、我ながら呆れました。一人のときならいいですが、人前ではみっともなくて困ります。どうすれば、つまらないことで泣かずに済むようになるでしょうか。（51歳・男・自営）

昭和の男だって、泣いていいんですよ。星飛雄馬だって父ちゃん（一徹）だって、よく泣いてたじゃないですか。

「少年兵は簡単に人を殺す」って（戦場カメラマンだった）鴨ちゃんに聞いた話だけど、それは子供は生きていくうえでのいろんなことを知らないから。子供はすぐ虫を殺すけど、大人は「かわいそうだから、やめておこう」ってなるのと一緒。大人の涙は、いろんなことを経験してきたから出る涙なんだよね。「いろんな人生にお疲れさま」という涙。

私の周りの大人もよく泣く。もう泣きまくり。男の人も女の人も。子供の頃は失恋の話とか親が死んだ話とかしても誰も泣かなかったけど、この年になるとみんなもう背負ってるものがいっぱいになっちゃって、ちょっとしたことで「ああ……」って溢れてくる。

私もホントに、世界中いろんなとこに旅行に行っても、本を読んでいても、子供のちょっとしたこととか猫が寝てるのとかを見ても、過去の何かとすり合わせようとするみたいで、自分の中でこみあげてくるものがある。ヘミングウェイの『何を見ても何かを思いだす』じゃないですけど、もう走馬燈が回り始めてるのかも(笑)。

「人前ではみっともない」って、そんなことない。もし「泣いてるお父さんが嫌だ」なんて言う人が周りにいたら、そんな人とは付き合わないね。逆に、何があっても涙のひとつも出ないようなオッサンだったら、嫌ですよ。

やっぱり今まで我慢してきたことがたくさんあるわけで、そろそろ体の中の〝我慢の箱〟がいっぱいなんですよ。だから溢れてきてるわけで、それを無理に止めるとホントに心の病気になってしまう。だから、よく泣いて、よく笑って、よく飲んで、よく食べて、外に出て体を動かして日の光を浴びると。その年で精神を壊すと大変ですから、我慢することないです。遠慮せず、泣いてください。だって、あとはもうチンコも勃たなくなって病気になって死ぬだけですから。歌にもあるでしょう、「泣きなさ〜い、笑いなさ〜い」って。すべて自然のままに垂れ流していきましょう。

結論

自然のままに垂れ流せばよし。

㊵ モノが捨てられない性格を何とかしたい。

とにかくモノが捨てられません。ライターという仕事柄、雑誌や本は増える一方。取材先でもらったノベルティグッズの類も、何となくもったいなくて捨てられず、どんどんたまっていきます。仕事関係だけでなくプライベートでも同様で、洋服や靴など10年以上着古したものも、つい「まだ着れそう」と思ってしまって捨てられません。いろんなお店で買い物したときにもらう紙袋なんかも、「何かに使えるかも」とため込んでしまいます（実際、役に立つこともあるんです）。おかげで部屋の中は足の踏み場もありません。友達には「思い切って処分しちゃえばスッキリするのに」と言われますが、その「思い切り」がつかないのです。捨てようとしても、どうしても「もったいない」「また使うときがあるかも」と思ってしまいます。この〝捨てられない病〟を何とかしたいのですが……。（38歳・女・ライター）

私も昔は押し入れの中、使わない物だらけ、着ない服だらけだったけどね。あるときから、わりと捨てられるようになった。何でかというと、東京って家賃が高いじゃないですか。最初のアパートの家賃が4万円だったんだけど、あるとき「3万円分、ガラクタに払ってる！」と気がついて。場所代として「1年で36万円、いらない物に払ってるんだ」と思ったときの衝撃ったら（笑）。それが家賃10万円になったら7万円分、30万円になったら20万円分、使わない物に毎月コストがかかってる。そう考えたら、もう「その都度、買い直せばいい」という気になって、捨てられるようになった。だって、ゴミにお金払ってるんだよ。自分が労働したお金でゴミを家の中に貯めてるなんてバカみたいじゃん。「捨てる」のがもったいないんだったら、「あげる」ですよ。インターネットでも何でもいいから、使ってくれそうな人に「あげる」ルートにアクセスする。それこそ震災のときとか、日本中の主婦が「これ、いつか使えるから」って取ってあった新品のシーツとかタオルが大量に放出されて、みんな「ホントに嬉しかった」って。森英恵の新品のシーツとか、ダサすぎて使わないけど捨てられないじゃん。ウチも大相撲の力士の似顔絵入りバスタオルとか、いっぱい出てきたけど、非常時にはそんなんでも役に立つわけでしょ。

古着だったら古着屋さんに持っていけばいいし、バザーなんかに出してもいい。ネットで探せば、いくらでも引き取ってくれるところありますからね。私は古本なんかは古本屋さんに取りに来てもらってる。「ここにあるの、全部取っていっていい」って言ったら、ものすごい量を取っていきますよ、あの人たち。フリマのプロみたいな人もいるから、そういう人に「押し入れにある物、何でも持っていって」って言えば片付けてくれるし。

そういうルートじゃなくても、私の周りにいるのが気の利く主婦ばっかりなので、子供の服なんかはまとめて置いておくと「何とかさんちの何とかちゃんが何歳だから、コレちょうどいいわ」って言って、ワーッと持っていってくれる。やっぱりほら、3番目の子供の服なんか、みんな買いたくないじゃないですか(笑)。しかも、男の子だったりしたら、お古も残ってない場合が多い。お兄ちゃんがボロボロにしちゃうから。

捨てるともったいないけど、「誰かが読んでもっと役に立ててくれるかも、誰かが着てくれるかも」と思えば気持ちもラク。「また使うときがあるかも」って、そんなの使わないから、絶対に。誰かに使ってもらったほうが全然いい。私も娘が赤ちゃんのときの可愛いお洒落なお洋服とか、「これ着てたとき可愛かったな」とか思うと捨てられなかったけど、知り合いのところに女の子が生まれたから、あげたの。こけしっぽい和顔もそっくりでね。それはそれで記念になるし、よかったかなって。

あと、自分ちの絵本を保育園の本棚に勝手に差したりもよくしたな。万引きの反対で万置き。もらいもののオーガニックの高級なおもちゃとかも勝手に置いてきた。寄付とかいうと手続きが面倒くさいから。

だから、あなたもどんどんあげちゃいましょう。だって、もったいないと思うだけで、別にそれで儲けようってわけじゃないでしょ。図々しい主婦の友達とか、フリマのマニアとか、古着屋さんとか古本屋さんとか、みんな呼んで持ってってもらいましょう。

結論

「捨てる」が無理なら「あげる」でスッキリ。

㊶ 女子校育ちで男性がどうしても苦手です。

小学校から大学まで、ずーっと女子校で育ちました。学校生活は楽しかったのですが、男性と接する機会がほとんどなかったため、どうしても男の人に対して苦手意識があります。子供とかお爺ちゃんとかなら平気なのですが、同世代や中年の男性に面と向かうと、緊張してうまくしゃべれず、挙動不審になってしまいます。もちろん、お付き合いした経験もありません。職場は女性が多く、そんなに不自由はしないのですが、一生このままではさすがにどうかと思います。どうすれば男性

と普通に接することができるでしょうか。（27歳・女・流通）

私も中学高校と女子校でしたけど、男じゃなくて女の子が嫌いになりましたね。つまんない、女の子って。前髪の話とか洋服の話とか平気で3時間しますから。私は小学生男子と同じように昆虫とか魚とか遺跡とか電車とかが好きで、どうもファッションとかにはあんまり興味が持てないので、そういう話のつまらなさに辟易してました。

本当にもう女の子たちが〝土佐弁しゃべってる川島なお美〟みたいなのばっかりだったんですよ。観念的というか、感覚でモノを言う。「それすごく可愛い〜♡」とか言うだけで、「だから？」みたいな。ショッピングで平気で1日つぶすしねえ。私はやっぱり海へ行ったり山へ行ったり世界中行ったり新型の電車に乗ったりするほうが全然萌える。

じゃあ何で女子校なんかに行ったのかっていうと、親が勝手に決めたから。その学校は田舎では「お嬢さまが行くとこ」みたいなところで、当時は父親が会社の社長をやってたので、そういう見栄というか世間体みたいなので行かされた。そしたら、やっぱり女の子独特の群れたがる感じがすごく嫌で。あと、自分の中では「話が面白いかどうか」っていうのがすごく大事なんだけど、それがめまいがするほどつまんなくて。

でも、あなたは女の子同士で一日中しゃべってるのが好きなんでしょうね。それで楽しくやっていけるんだったら、別に男の人いらないんじゃない？　腐女子になって同人誌作ってコミケで売るのもいいと思うし。

それでもやっぱり男の人に慣れたい、付き合いたいっていうことなら、とりあえず男の人のいそうな趣味のサークルに入ってみる。お花とかお菓子教室とかだとまた女ばっかりになっちゃうから、山登りとか釣りとか何か自分のできそうなことで男の人もいるようなところがいいですね。いきなり知らない男と面と向かって話そうったって何しゃべっていいかわからないけど、共通の趣味があれば話題がもつから。初心者なら初心者で、いろいろ教えてもらえばいいし、ちょうどいいリハビリになるんじゃないかな。

要するに、間に何かワンクッション置けばいいんですよ。犬猫なんかもおすすめ。特に犬を飼うと相当いい。毎日散歩してたら同じように犬散歩させてる男の人にも会うでしょう。それなら犬の話題は鉄板だし、相手の顔とか見なくても犬見て話せばいいんだし、たぶん緊張もしないんじゃない？　向こうだって、そのほうがしゃべりやすいだろうし。犬連れてないときに会っても、誰だかわかんない可能性はあるけど（笑）。

だいたい夫婦でもカップルでも、共通の話題がないときついもんです。猫でも飼ってれば、毎日「ウチの○○ちゃんは可愛いねえ」って言ってりゃそれで済むから、お互いに楽。女はおしゃべりですぐ仲よくなれるんだけど、男は棒とか球とか鉄とかのツールがないと、コミュニケーションができない生物です。モバゲーとかが流行ってるのも、共通のゲームをやっていれば、とりあえずそれが話題にできるからというのもあるんじゃないかな。だから、とにかく間に共通の何かを置いて、そこから始めることをおすすめします。

結論

間に動物を置いてみよう。

㊷よく「お前は空気が読めない」と言われるのですが……。

同僚や友人によく「お前は空気が読めない」と言われます。自分では意識していないのですが、発言のタイミングや内容が、場の空気にふさわしくないことが多いようです。でも、そう言われても、自分ではどういう発言がよくて、どういう発言がダメなのか、よくわかりません。だから「空気が読めない」と言われるんでしょうけど、わからないものは直しようがありません。もともとそんなにしゃべるほうではないんですが、最近では思ったことを口に出す前に「これを言っても大丈夫かな」と考えるようになり、ますますしゃべれなくなってしまいました。そうすると、「暗いなー」と言われたりして悪循環です。みんなはどうやって空気を読んでいるのでしょう？　空気の読み方を教えてください。（26歳・男・製造）

「空気読め」って、最近よく言われますね。まあ、昔から「間の悪い人」「間のいい人」っていいましたけど、それは持って生まれたセンス。「足が速い」「足が遅い」というのと一緒。残念ながら直りません。

じゃあどうするかといえば、空気読めなくても許される場所に行くしかない。その「場所」っていうのは「人と話さなくてもいい職場に移る」みたいな意味もあるけど、「空気読めないぐらいのことは目をつぶってもらえるポジションを築く」って意味もある。

たとえば長嶋茂雄とか、どうかしてるわけじゃん。それこそ今風に言えば「どんだけ空気読めないんだ」っていう。でも、全然許されてるし、日本中の人が好きでしょう。あそこまで行くのは無理としても、何かの技術をすごい磨くとか、人より突出して仕事ができる部分があれば、ちょっとぐらい空気読めなくても「○○さん、天然ボケで可愛いよね」ってことになる。

私、「突撃!隣の晩ごはん」のヨネスケさんがすごい好きなんですけど、あの人って顔はデカくて怖いし、声はダミ声じゃないですか。しかも、人んちにズカズカ入っていく〝日本一の不法侵入者〟という。だけど、みんなに好かれてる。そういうふうに、普通だったら嫌われそうなところを、力ずくで押し通すっていう手もある。「空気読めない」というのも自分の特長だと思ってガンガン〝空気読まない発言〟を続けていれば、「あいつはそういうヤツだから」と認めてもらえるようになるかもしれませんよ。

できないことを直そうとするんじゃなくて、できることを伸ばしましょう。スポーツでも勉強でも生まれ持ったセンスがあって、みんな自分ができないことを別の部分で補ってるわけじゃないですか。それを大の男が「僕、足遅いんです」って言ったって、「だから?」って話だし、それこそ空気読めてないよ。そもそも、みんなに「空気読めない」と言われるってことは、そこが一番目立ってるってこと。それ以外の部分、たとえば仕事で目立つようになれば、誰もそんなこと言わなくなるよ。

結論

空気読めなくても許される人間になれ。

43 頼まれるとイヤと言えない自分がイヤ。

仕事でもプライベートでも、頼まれるとなかなかイヤと言えません。もちろん絶対無理なことは断るしかないのですが、そんなことはそもそも頼まれず、だいたいは「気乗りはしないけど、できなくはないこと」を頼まれるんです。仕事で残業やシフトの交代を頼まれることはしょっちゅう。イヤだなーと思っても、どうしても無理な理由がないと断れません。それでも仕事なら仕方ないと思いますが、たとえばこの間も友達に引っ越しの手伝いを頼まれ、せっかくの休日は休みたいと思ったのですが、何か予定が入っているわけでもないので断り切れずに引き受けてしまったり。またあるときは、別の友人に「サラ金の返済で困ってる。5万円貸してくれ」と頼まれ、これが100万円とかなら無い袖は振れないので断るんですが、5万円なら貸せなくもないので貸してしまいました。そのお金はまだ返してもらっていません。そんなふうに、頼まれるとなかなかイヤと言えない自分がイヤです。うまく断るコツはありませんか?（28歳・男・運輸）

人ってたいがい頼まれるとイヤと言えなくて、「まあいいか」って付き合っちゃうものですよね。それをまた、いいように利用する人も多いから。

私もいろいろ頼まれますけど、疲れていると断れない。「ああ、いいよいいよ」ってなっちゃうの。だから、カネなんかも貸すだけ貸してそのまんま。仕事に関しては今は愛ちゃん（アシスタント兼マネジャー）が片っ端から断ってくれるからいいんだけど、昔は断るのが面倒くさくて、またやればできちゃうもんだから、結構無理してやっちゃってた。

すごい困るのがPTAとか近所の主婦レベルの頼まれごと。「チラシの広告の絵を描いてくれ」とか「家広いんだから荷物置かせてくれ」とか、そういうのがいっぱい来るからね。こないだも「子供がライターの専門学校行ってるからインタビューさせてくれ」とか、「体験学習で子供に仕事場見学させてくれ」とかいうのが来てさ。もう邪魔以外の何物でもないのに、子供の学校の連絡網とか見てバンバン電話かかってくる。

PTAも最初はちゃんとやってたんだけど、やればやるほど時間をムダにする、社会貢献になってない何かだとわかって、あるときキッパリ断ったのね。「ポスター描きはできます。あとは一切できません」って言って、関わらないことにした。

だって、「別にこのおばさんたちに嫌われても痛くも痒くもないや」と思ったから。イヤと言えないっていうのは、やっぱり「嫌われたくない」「いい人に見られたい」というのがあるんだよ。そういうのを「もういいや」と思えればいいんだけど、あなたはまだそこまでは割り切れないんだよね。

だったら逆に「もうイヤだー！」ってちゃぶ台ひっくり返すまで頼まれ続けてみるのもいいかもしれない。ちょっとずつ溜まってきた「まあいいか」の箱が満杯になって、ある日突然、花粉症のように「もうイヤだー！」って爆発する。そのくらいまでいかないと断れないと思うんだ、あなたみたいなタイプの人は。

でも、そういう性格って悪くないんじゃないかな。本当に100万円貸しちゃったり、連帯保証人になっちゃったりするとまずいけど、ちょっとしたことで他人に手を貸してあげられるというのは、あなたのいいところだと思う。もともと誰かのために何かをしてあげるときって、見返りなんて求めないじゃないですか。「情けは人のためならず」じゃないけど、功徳を積んだと思えばいい。

それでも自分がイヤな気持ちになるんだったら、断る理由を作っておきましょう。休日に引っ越しの手伝いとか頼まれて断れないのは、自分の予定がないからでしょ。向こうも「あいつだったらどうせヒマだろ」と思ってたりして。だから、バイクとかサーフィンとか何でもいいから熱中できる趣味を見つけて、そっちの予定を入れちゃえば心おきなく断れる。あと、彼女を作るとかすればもう、それどころじゃなくなるから。それで結婚して子供ができたら、「子供の誕生日だから」とかいくらでも断る理由はできるよね。というか、別にウソの理由で断ってもいいのに、それができないということはウソが苦手なんでしょうね。こういう人は浮気もできないし、奥さんと子供のためにいろいろしてあげるいいダンナさんになるんじゃないかな。

まあ、とりあえず今のうちは「ちょっと実家に帰らなくちゃいけなくて」とか言っておけば、向こうも無理強いはしないでしょう。お金に関しては、たとえば「5万貸して」って言われたら「オレも厳しくて、今これだけしかないんだ」って2万5000円だけ貸す。貸さないと悪い気がするけど、とりあえず半額に値切る。そしたらなんか2万5000円儲かったような気になるし、精神的にも経済的にも楽。もし返してもらえなくても、5万のところが半分で済んでよかったじゃん、という。相手にウソがつけないなら、自分で自分をダマしましょう。

結論

趣味か彼女で予定を埋めちゃえ。

㊹ 忘れ物や人との約束を忘れたりが多すぎる。

私の悩みは、忘れっぽいことです。飲み会の席に携帯を忘れたりするのは酔っぱらってるせいかと思いますが、ある店で買ったものを別の店に寄ったときに置き忘れたりはしょっちゅう。上着とかも一度脱ぐと必ず置き忘れますし、傘なんて何本なくしたかわかりません。人との約束も忘れがちで、一応手帳に書いてはあるんですが、確認するのを忘れたり、日時を勘違いしてたりで、いろんな人に迷惑をかけています。注意力が足りないと言われればそれまでなんですが、自分では注意してるつもりでも忘れてしまうんです。どうすれば忘れないようにできるでしょうか。（33歳・女・派遣）

これは私のことですねえ。日時の勘違いなんてしょっちゅうだし、そもそも確認もしないし。仕事が詰まって生活時間帯が不規則で寝不足だと、より忘れっぽくなりますね。ひどいのになると、スーパーに子供を忘れて帰ったこともありますし。子供の手を握ってたのに、買い物して両手に荷物持っちゃったら忘れちゃって、スーパー出たときに「そういえば子供連れてきてたのに、いないぞ」って（笑）。

そんな私に聞かれても……って話でね。なんか素晴らしいシステム手帳を買ってみるとか、本屋さんに行くと『忘れ物をしなくなる本』というのがきっと売ってるから、そういうのを読んでください。

ていうか、直らないですよね。無理。全人格を改造しないと直らない。そういう脳味噌なんですから、糖尿病と同じで一生付き合っていくしかないんですよ。だから、迷惑をかけてるんだったら、その分、ほかのことで埋め合わせするしかない。愛想よくするとか、机を拭くとか、残業するとか、そっちのほうで何とかする。さっきの「空気読めない人」と一緒で、仕事できないヤツがこうだと「仕事もできないで、またこれだよ」ってクソミソに言われるけど、仕事さえきちんとしてれば「天然ちゃんがまた忘れたね」で済んだりするし。

あと、絶対に忘れちゃいけないものの聖域、サンクチュアリを作るといい。ウチの場合は「冷蔵庫に磁石で留める」です。チケットとか振込用紙とか税金関係とか、絶対になくしちゃいけないものは冷蔵庫に磁石。あそこならなくならない。それ以外のものは買い換えれば済むから、もう別にいいやってことにしています。海外旅行に行くときは、あれもこれも持っていかなきゃっていってもどうせ忘れるから、とにかく「パスポートと現金だけは忘れないように」と。その2つさえあれば、あとは向こうで買えばいい。

絶対忘れちゃいけないものと10番目ぐらいのものを一緒にしちゃうと、逆転現象が起きますよね。電車乗って「傘忘れちゃいけない」と思ってると、最も大事な子供を忘れたり。だからもう「これだけは」というのを2つかせいぜい3つ決めて、あとはあきらめる。傘なんてどうせ忘れるんだから、安いものでいいんですよ。

だけど人間、本当に好きなものは忘れませんよね。ウチの息子なんかも海外行くとき、あんなに忘れっぽいくせにゲームと充電器は絶対持っていきますから。あと、「これを忘れたらえらいことになる」状態にしておくといいかもしれない。携帯とかに、自分の恥ずかしい写真、ものすごいまぐわってるようなやつを入れといたら、死んでも忘れませんよ。「これを見られたら、もう終わりだ」みたいな。それでも忘れたのが志麻子ちゃんだけど。志麻子ちゃんの携帯なんか、どんな禍々しいものが入ってるか……。でも、志麻子ちゃんの場合は見られても平気というか、むしろ「見てくれ」という。で、「どう？」って感想求められそうで怖いけどね。

結論

「絶対忘れちゃいけないもの」を決めて、あとはあきらめよう。

45 ひどい方向音痴を直す方法はありませんか？

とにかく方向音痴がひどいんです。仕事柄、初めての場所に出かけることが多いのですが、必ずと言っていいほど迷います。もちろん事前に調べて地図をプリントアウトして持っていくのですが、なぜか目的地に着かないんです。自分が信用できないので、わりとすぐにそのへんの人に聞いたりするのですが、それでも迷います。いつもかなり時間に余裕をもって出かけるのですが、遅刻してしまうこともしばしば。たまにうまく着いたら着いたで時間を持て余して困ります。何とか直す方法はありませんか？（36歳・女・ライター）

これも私のことですねえ。方向感覚全然なくて、駅で電車が右から来ると思ってたら必ず左から来るとか。あれ、すごい敗北感あるんだよ、自分の中で。大阪行っても地下街歩けないし、新宿でもあっちこっちのギャルの店員さんに聞いて、それでも迷う。

自分を信用してないから、すぐ人に聞くんだけど、「そこを右に曲がって、2つめの角を左」って言われた時点でもうわからない。ひとつ曲がったら、右にいるのか左にいるのかもわからなくなる。だから、その都度その都度人に聞いて、ホントに一区画ずつしか進めない。かわいそうなパックマンみたいな感じでね。必ず間違った方向に行って二次被害を起こすタイプ。私が『ダイ・ハード』のブルース・ウィリスだったら大惨事ですよ。

こないだも行き慣れたところに行くのに電車乗り過ごして、気がついたら全然違うところで降りてましたからね。渋谷によく行く映画館があるんだけど、そこも何回行っても迷子になってまともに着けない。情けないったらありゃしない。ウチの母親もひどくてね、20年間通った近所の道を間違えた。何でかと言うと、あの看板のところを曲がるっていう目印にしてたんだって。そしたら、その看板が撤去されちゃって、曲がらずどんどん行っちゃったという……。剛の者というかね、その遺伝子を私も受け継いでるんですよ。

やっぱりこれって女の人に多いですよね。板谷くんもひどい方向音痴だったけど、あの人は完全にオバサン脳だから。相談者のあなたは「36歳・女」ですか。そりゃもうダメです。あきらめましょう。

いいんですよ、道なんかわかんなくたって。前にマンガで描いたけど、男は頭の中に鳩を飼ってて地図が読める。女は地図は読めないけど、その代わり人間関係の空気は1ミリ漏らさず読める。人生、どっちが得かって、絶対空気が読めたほうがお得だから。

特に今はカーナビがあるから、鳩男子もあんまり尊敬されないし。携帯にナビ機能のあるやつとか、小型で持ち歩けるカーナビとかもあるじゃない。どうしても困ってるなら、そういう文明の利器を使えばいい。まあ、その使い方がまたわからなかったりするけど、そしたらもうあきらめようよ。一緒に迷子になりましょう。

結論

地図が読めなくても空気が読めればそれでよし。

46 三日坊主を克服したい！

悩みというほどでもないんですが、昔から飽きっぽく、何事も三日坊主で続きません。「今年こそ！」と思って始める日記は、三日ってことはないですが、だいたい1か月ぐらいで終了。英語を勉強しようと思って買った教材も1週間ぐらいで挫折。健康とダイエットのためにと始めたホットヨガも、3か月ぐらいは通ったんですが、だんだん面倒になってやめてしまいました。もっと手軽に続けられる運動をと、ウォーキングにも挑戦しましたが、あんまり楽しくなくて、これまた2週

間ぐらいでうやむやに。ほかにもいろいろあるんですが、年齢的にも体形的にも、とりあえず運動だけでも続けられるようにしたいんです。続けるコツを教えてください。（39歳・女・パート）

私も11号の服がきつくなって「これはヤバイ」と思ってホットヨガ始めたんですけど、続いてるのは愛ちゃんが一緒だったから。一人だったら絶対続いてないと思う。愛ちゃんにひっぱたかれながら、何とかやってる感じです。

だから、ここはひとつ女の人の〝群れる習性〟を利用してみたらどうでしょう。トイレに一緒に行くみたいに、「一緒にやらない？」って同じような主婦を探して仲間にしちゃう。そうやって群れを作ったら、ヘタに外れられなくなるでしょ。「いない間に何言われるかわからない」という女の悪い部分を利用するんです。

だらしない女友達はダメですよ、一緒にサボっちゃうから。サボってると家まで呼びに来るようなできるだけ生真面目な友達を選ぶこと。億劫になっても片方が行くって言ったら「じゃあ行こうか」っていう気にもなるし、「行かなきゃ悪いな」みたいなのもあるだろうし。一人だとやっぱりなかなか続かないよね。

ただ、もしあなたに小さいお子さんがいるんだったら、続かなくても仕方ない。三日坊主とかいうよりも、時間がないんだと思う。子供が幼稚園とか小学生だったら、自分のために時間を割くって不可能だもん。だからまず自分の時間を作るところから始めないと。

あと、ダイエットするんなら、とにかく冷やさないこと。冷えをなくすと、わりとやせやすいんですよ。だからもうビールもやめて水割りもやめて、赤ワインとか焼酎お湯割りしか飲まない。靴下もパジャマも温かいやつに替えてね。それからやっぱり食事の取り方。起き抜けにラーメン食わないとか、寝る前にラーメン食わないとか。そこ大事だから。

結論

女の"群れる習性"を利用せよ。

㊼ 女子に「キモイ」と言われます。

都内の公立高校に通う男子です。2年になってから、なぜか女子に「キモイ」と言われるようになりました。勉強も運動も普通レベルで、特にデブということもなく、すごいブサメンってわけでもないと思います。1年のときはそんなこと言われなかったのに、なぜ今になって言われるようになったのかわかりません。女子に嫌われるようなことをした覚えもありません。同じクラスでもっとオタクっぽいやつとかもいるのに、なぜ僕ばっかりが「キモイ」と言われるんでしょうか。どうすれば言われなくなりますか？（16歳・男・高校生）

女の子って、集団でこういう言葉を使って誰かをおとしめたりする生き物なんです。急にみんなで指さして笑ったりね。女子校の先生とか、ホントにすごく可哀想なの。人間じゃないぐらいのこと言われるから。でも、一緒に言っておかないとマズイので、みんな同調して言っちゃう。「集団で何かする」ってもう女子のクセなんですね。トイレもかたまって行くし、お弁当もかたまって食べる。で、こっち見てみんなでクスクス笑いながら、ひそひそ話するっていう。

だから、キミが「キモイ」と言われることに理由はないの。全然気にしなくていい。そうは言っても気になるだろうけど、ヘタに反論したりすると逆効果。「やだー」「そんなこと言ってないし、知らなーい」とかって、パーッと逃げちゃう。それか、「マジウザい」「死ね」って言われたり。もう聞こえないふりして、部活にでも励みましょう。

でもね、これだけは言っとくけど、キミのことなんて誰も見てないから。中2から高2ぐらいの男子って、麻雀で言えば一翻《イーファン》もない何の役もない最悪の状態。もう、そこにいるだけで邪魔っていうか、世間から存在を無視されてる。なのに、自意識だけはニラニラ溢れ出てるでしょ。フリーズしてるくせに中はフォーンって高速回転してるパソコンみたいな。そういう状態が全体的に「キモイ」という言葉で表現されてると思うんだ。

要するに、キミがキモイんじゃなくて、キミぐらいの年代の男子全員がキモイんです。女子の間でたまたまキミが代表に選ばれただけ。本当はみんながキモイの。ウチの息子も中2だけど、「今日、女子に『死ね』って言われちゃった」とか言ってくる。それはもうしょうがないよね。

それでもどうしても気になるんだったら、ネットで「中二病」「高二病」を調べて、よく読んでみてください。そこに自分の取扱説明書が載ってます。

結論　中２から高２ぐらいの男子は全員キモイ！

㊽「いらんこと言い」な性格をどうにかしたい。

よく人から「アンタは一言多い」と言われます。確かに、つい言わなくてもいいようなことを言ってしまって、相手を怒らせたり場を凍らせたりしてしまうことがちょいちょいあります。昔からの友達なら「また言ってるわ」で済みますが、仕事の関係だとシャレになりません。先日も取引先の人と話をしていて、ある物件について「あんなラブホみたいな趣味悪い家、誰が住むんですかねー」とか言ってたら、実はその人の知り合いが設計した家だった……みたいなことがありまして。別にその場でその物件の話をする必要性なかったのに、ふと思い出して深く考えずに言ってしまい

ました。関西で言うところの「いらんこと言い」なこの性格、どうにかしたいんですが……。（32歳・女・不動産）

私もそうだけど、典型的な〝西のおかん〟ですね。大阪ではこれぐらいのことは普通でしょう。さらにボケてツッコんで、ボケてツッコんで、「アンタ、おもろいな」で仕事もらえるんであって、むしろ商談にはプラスなぐらい。

だから、自分で注意しても直らないんだったら、大阪の不動産屋に転職しましょう。「いらんこと言い」が通用する土地に行けば、何の問題もない。無理して自分を変えるより、環境を変えたほうが手っ取り早い。ついでに気のいいダンナを見つけて、いらんことを言い合って、楽しく暮らしてください。

結論

大阪に引っ越せば問題なし。

49 震災や原発のことを考えると無力感で落ち込みます。

私は東京に住んでいて、あの東日本大震災のときも直接の被害はそんなにありませんでした。テレビで津波の映像を見てショックを受け、自分にも何かできないかと考え、ほんの少額ですが募金もしました。でも、それ以上のことは何もできませんでした。ボランティアに行くために仕事を休めば、私のようなフリーターはすぐクビです。自分なんかが行くとかえって邪魔になるのではとも思いますし、そもそも自分の生活に余裕がないのにボランティアというのも違う気がします。かといって、原発で働く勇気もありません。今も大変な思いをしている被災地の方々や、放射能を出し続けている原発のことを考えると、自分の無力さに落ち込みます。最近は震災関連のニュースを見るのも嫌になってきて、そんな自分がまた嫌になります。今からでもボランティアに行けば、少しは気持ちが吹っ切れるでしょうか？　それとも、そんな動機では行かないほうがいいでしょうか？

（30歳・男・フリーター）

甘えるな、自分で調べろ、自分で決めろ。

はい、この人に言いたいことはそれだけです。別に震災や原発のことがなくても、いつもこういうふうに思い悩んで「どうしましょう」って言ってるんじゃないですか。こういう人、多いのかもしれませんけど、ここでは別の話をします。

よく海外援助のNGOの人とかと話すと、「どんな邪《よこしま》な気持ちでもいいです、ないよりマシです。そのお金がきれいか汚いかは、私たちは考えません。どんな援助でもないよりはあったほうがいいです」と言われます。

だから私は震災に関しては、漫画家としてサイン会やトークショーをやったり、風評被害で売れなくなったものをブログを通して売ったり、できる範囲のことをやっています。寄付とかももちろんやってますけど、赤十字とかまだ全然分配できてないとか、あとで聞くとガッカリするような話もありますよね。

私が今、お金を出しているのは毎日新聞の希望奨学金というところで、震災で保護者を亡くした子供たちが高校生から大学生までの間、毎月2万円の奨学金を出すんです。親が亡くなったり失業したりしてるときに、その2万円がどれだけありがたいか。私も母子家庭の奨学金をもらってたんですけど、本当に助かりました。中学まではいいんですけど、経済的事情で高校、大学をあきらめる子がいる。それは何としてもなくしたいことなので。

やっぱり何よりもお金をかけなきゃいけないのは、子供の教育だと思うんです。年寄りはそのうち死ぬんだから、同じお金をかけるなら子供にかけなきゃダメでしょう。年寄りは票を持ってるからっていうんで、介護バスは通っててもスクールバスは通ってないとか、そういう矛盾が悲しい。あと、年寄りにいくら教育しても差別意識とかいろんなことは直らない。その代わり、子供たちに新しい価値観を教えてあげることはできるでしょ。そういう新しい価値観を持った子供たちが自分の足で立って生きていけるようなシステムを作ってほしい。それは本当に祈るような気持ち。

震災後、よく「被災者の方を励ますひとことを」ってインタビューが来たんだけど、そんなの何も言えませんよ。家も仕事も子供も全部持ってる私が、全部なくした人に何を言えるのか。ふざけるな、と思って。それでテレビの人に言ったんですけど、世界には戦争や災害ですべてをなくした経験のある人が大勢いる。そこからどうやって立ち上がってきたのかという話を取材してきてもらえませんか、と。今、聞きたいのはそういう話だと思うんです。同じような体験をした人が、どうやって立ち上がって歩いてきたのか。その言葉はきっと宝石のようにきれいで太陽のように温かくて力強いと思う。そういう言葉が被災者の方たちにとっても一番の救いになるんじゃないでしょうか。

結論

どんな援助でもないよりマシ。

重松清さん（49歳・男・小説家）からの相談

我が家には三匹のネコがいますが、家族で僕にだけなついてくれません。四歳のオス（のんき）はかろうじて、お互いに見つめ合って気持ちが高まったときには膝に乗ってくれますが、二歳のメス（強気）はたまに頭の後ろを揉むのが精一杯で、それ以外の場所だとすぐに逃げて、僕の指が触れた場所をいかにも忌々しそうに、しつこく毛づくろいします。三歳のメス（臆病）に至っては、僕の姿が視界に入るだけで一目散に逃げてしまうので、三年間も一緒に暮らしていながら、彼女の体に触れたことは数えるほどしかありません。

ごはんやトイレの世話はちゃんとやっています。仕事場にはオヤツも常備しています。でも、のんきネコも強気ネコもオヤツを食べ終わるとさっさとひきあげてしまいます。臆病ネコは最初から来てくれません。先日は服にまたたびスプレーをつけて誘ってみましたが、なんの効果もありません。どうすればネコに愛される男になれるでしょうか。

たらい回しにして世間を教えちゃる。
以前友人が世界旅行で一年留守に。四匹の猫はその間五軒の家をたらい回し。四匹全員が飼い主にさえなつかないツンツン猫だったのに さすがに世間を知り全員が甘えっ子コビ猫になってたそうです。
ごーろ
ごろごろ
全員営業上手に!!
たらいが嫌なら
12時間くらい庭に捨てる。その後拾って恩を売る。
あいつら閉め出されたあとってミョーに反省してるよな。
おやつ
おなかすきましたにゃーん
さむいですにゃーん
よくわかんないけどごめんなさいにゃーん

第5章（トラブル編）上手なウソは人生の通行手形

㊿ 夫が痴漢で逮捕されてしまいました。無実を信じたいのですが……。

夫が通勤電車で痴漢をしたとのことで、逮捕されてしまいました。夫は当初「絶対やってない」と言っていたのですが、その後、自分がやったと認めてしまったのです。警察の取り調べで「罪を認めて罰金を払えば釈放してやる」と言われたとかで、つい弱気になってしまったとのこと。おかげで拘留は短期間で済み、職場にも無事復帰することができました。ただ、罪を認めてしまったことが夫の心の傷になっているのか、ときどきふさぎ込んだり、ちょっとしたことで「どうせお前もオレのこと信じてないんだろ」などとキレたりするようになってしまいました。そういう姿を見ていると、可哀想に思う半面、もしかしたら「やってない」と言っていたのがウソで、それで逆ギレしているのかも……という気もしてきました。無実を信じたいと思ってはいますが、確信が持てません。こんな私は薄情な妻でしょうか。（37歳・女・主婦）

無実の罪を着せられるっていうのはつらいよねえ。しかも痴漢っていうのはかなり恥ずかしい犯罪だし。ホントにやったんなら仕方ないけど、そうじゃなかったら相当へこみますよね。ここまでの屈辱って、人生でなかなかないってぐらい。痴漢冤罪で自殺しちゃった人もいたもんね。だからもう、傷つき方としたら、ホントに鬱とかPTSDとか引き起こしちゃうようなレベルだと思うんだ。だから、精神的に不安定になって、ちょっとしたことでキレたりするのは普通のこと。

こういう心の傷って、素人が対処しようとしちゃいけないの。私の元夫のアルコール依存と一緒で、これを治すのは医療行為なんですね。奥さんがどうにかしようっていうのは、私が鴨ちゃんのお酒をやめさせようとしたのと同じで、火に油を注ぐようなもの。

だからまず奥さんが医者に相談する。それから同じような痴漢冤罪の被害者や家族の会みたいなところに行って話を聞く。病気から生き延びたり、自殺を踏みとどまった人を「サバイバー」っていうんですけど、そういう人たちがどういうふうに苦しみを切り抜けて、再生したのか。成功例と失敗例、「こうやったら良くなりました」「こうやったら逆上しました」みたいな、そういうアドバイスを聞くのが一番いい。

すごく傷ついてるダンナさんに「話聞きに行きなさい」っていうのは無理。家族がまず正しい知識を持たなきゃいけないんです。それなのに奥さんが信じてあげなかったら、誰が信じてあげるんですか。まあ、私も鴨ちゃんのことを信じてあげられなかったけど。だから、そのためにも正しい知識が必要なんです。

結論 同じ痴漢冤罪被害者の話を聞きに行きましょう。

51 念願のマイホーム購入。が、引っ越したら隣の家に〝騒音おばさん〟が……。

中古ながら念願のマイホームを購入しました。建物はもちろん、周辺の環境もそれなりに調べたつもりでしたが、いざ引っ越してみたら予想外の問題が待ち受けていました。なんと、隣の家に〝騒音おばさん〟がいたんです。といっても、テレビに出てた元祖騒音おばさんみたいに布団叩きながら「さっさと引っ越し！」と歌うとか、そこまでひどいわけじゃありません。ただ、掃除機をかけたり台所仕事をしたり窓を開け閉めしたりという動作が異常に荒っぽいみたいで、すごく音が響いてくるんです。テレビの音も大きくて丸聞こえです。それだけならまだ我慢もできますが、ものすごい剣幕で子供を叱ってる声がたびたび聞こえてきて、いやな気分になります（殴ったりはしてないようですが……）。隣の家との距離が近いせいもあり、こちらが窓を閉めていても、向こうが窓を開けていると聞こえてきます。毎日帰りが遅く、あまり家にいない夫は「気にするな」と言いますが、ずっと家にいると気になって仕方ありません。苦情を言って揉めるのも怖いです。よい対処法はありませんか？（34歳・女・主婦）

家にいて気になるんだったら、家にいなきゃいいんです。奥さんも外に働きに出たらどうですか。子供がいるのかどうかわからないけど、子供がいたらよその家がうるさいとか気にならないよね。そしたら、隣の騒音おばさんがちょうど暴れそうな時間にパートに出ればいいじゃない。それで稼いだお金で住宅ローンも繰り上げ返済しちゃえば一石二鳥。あるいは窓を防音の二重ガラスに替えるとか。

「ものすごい剣幕で子供を叱ってる」ってのは、もしかしたら本当に虐待かもしれないので、児童相談所に通報すれば注意はしてくれるんじゃないかな。虐待じゃなかったとしても、近所に聞こえてるって気がつくだろうし。あとはウソでいいから「町内一同」みたいな形で、こっそり郵便受けに苦情の手紙を入れておくという手もある。こういうタイプは面倒くさいから、「ウチが文句言ってるんじゃないです」っていうフリをしておくのは大事。言われても聞く耳もたないかもしれないけど。

まあでも、やっぱり家買ったり建てたりするときに〝運〟ってあるねえ。私も家建てるとき、ご近所に挨拶に行ったんだけど、でかい家の人は何にも文句言わないもん。品のいいおばあちゃまが「やっとウチの通りにも赤ちゃんの声が聞こえるようになったのね、うれしいわ」なんて言ってて。赤ん坊をうるさいなんて、まるで思わないんだよね、金持ちのおばあちゃまは発想がまるで違うから。子供が道路に落書きしても何にも言われないし。

結論

とにかく外に働きに出ましょう。そのお金で防音のガラスを買いましょう。働いて疲れて帰ってきたら、騒音もそんなに気にならないと思うしね。

外に働きに出れば一石二鳥。

52 電車の中での携帯電話を注意したら殴られました。

私は正義感が強いほうで、電車の中で携帯電話で話していたり、イヤホンからダダ漏れの大音量で音楽を聞いている人を見ると、注意せずにはいられないタチです。ところが、ある日、20代の学生風の男の携帯電話を注意したところ、いきなり顔を殴られてしまいました。突然のことで頭が真っ白になり、次の駅で逃げるように降りていった相手を追うこともできず、周りの人も見て見ぬふり。幸いケガは大したことなかったのですが、気持ち的に大変ショックを受けました。結局、殴った相手は見つからず、駅員さんや警察にも「気持ちはわかりますが、無理はなさらず」と逆にたしなめられ、屈辱感で夜も眠れません。私の行動は間違っていたのでしょうか。（52歳・男・金融）

間違っていません。お疲れさまでした。これにめげず、正義感の強いままのお父さんでいてほしいと思います。

ただ、強い正義感を貫くためには、それに見合った器が必要です。そこがちょっと欠けてたんじゃないかな。正義感をプロテクトする武器、たとえば柔道とか空手とか、そういうものを習ってみてはどうでしょうか。向こうも相手を見ますからね。いかにも柔道やってました、みたいな耳がギョウザになってるヤツに殴りかかるバカはいないでしょう。でも、弱そうなのに注意されたら、反射的に殴っちゃうようなヤツもいますからね。オヤジ狩りとかやってる若いコも、見ただけで「このオヤジ、狩れる」ってわかるんだって。渋谷あたりじゃNHKの職員さんが、いいカモらしいですよ。みんな本当に真面目で勉強のできる生徒会長タイプだから、すぐ狩られちゃうんだって。

やっぱり殴られたら気持ちが萎えるし、つらいですよね。そうじゃなくて、これからも正義感が強いままでいくんだったら、今からでも器を作り直しましょう。52歳でも遅くない。柔道でも空手でも合気道でも何でもいいんで、今から体を鍛えれば、三大成人病の予防にもなって寿命も延びますから。こんないいことないですよ。私のホットヨガより効果があると思います。

結論

正義感を貫くための武器を身につけよう。

53 離婚して別れた息子に会わせてもらえません。

5年前のある日、妻が息子を連れて家を出ていきました。その後、いろいろありましたが、結局、調停を経て離婚しました。離婚に至った原因は一言では言えません。男女のことですから、どちらかが一方的に悪いということではないでしょう。それを今さらどうこう言うつもりはありません。が、問題は息子に会えないことです。月に一度の面会ということで合意していたはずなのに、元妻はまったく無視しています。離婚はしても親子の関係が切れるわけでなし、会う権利はあるはずです。というか、そういう約束で離婚に合意したんです。元妻と息子は現在、元妻の実家で暮らしているはずです。むりやり押しかけてでも会いに行くべきでしょうか。それ以外に何か方法があるでしょうか。（40歳・男・自営）

これ、元妻の実家は、可愛い娘が子連れで帰ってきたんだから、もう二度と表に出さないですよ。超お得ですもん。娘と孫が帰ってきて、盆と正月が一緒に来たようなもんで、「こんなめでたいことがあろうか」みたいなことになってますよ、たぶん。

でもまあ、やっぱり会いたいですよね。それはわかります。そしたら、「将を射んと欲すればまず馬を射よ」じゃないですけど、向こうのお義父さん、お義母さんの情をほだすしかない。奥さんはまず無理だから。女の人は一回別れた男にはまったく会いたくないし、どうでもよくなっちゃう。ホント不思議なんだけど、あんなに好きだった人が、ある日、急に路傍の石になってしまうという。「何だっけ、コレ?」みたいな。バッグと一緒ですね。すっごいお気に入りだったのに、新しいバッグ買ったらいらなくなっちゃうの。

だからまずお義父さん、お義母さんに季節のご挨拶から始まって、「娘さんのことは申し訳ありませんでした」「子供は元気ですか。写真を送っていただけませんか」みたいなところから始めましょう。もちろん毎月の養育費とかはきちんと払わなきゃいけない。

元奥さんにも手紙を書くとか、子供だけじゃなくて奥さんの誕生日にもプレゼントを贈るとかね。「北風と太陽」でいえば太陽作戦。最初に彼女をデートに誘い出すためにどうしたかっていうことを思い出そうよ。それを「むりやり押しかけてでも」とか「会う権利がある」とか言ってると、ホントに二度と天の岩戸から出てこなくなっちゃうよ。そういう「オレは正しい」みたいな態度が奥さんは嫌だったんじゃないかな。

でも、どんなに嫌われてても人間の記憶は塗り替えられます。上書きできるんです。私も、アル中で6年暴れてて死ねばいいと思ってた元夫が治って帰ってきたとき、そこにいるのは、あの暴れているケモノのような夫ではなく、静かに笑っている彼だった。「ああ、彼は病気だったんだ」とすべての記憶に上書きができました。

とにかく時間がかかるのは覚悟しないと。結婚して離婚するまでの時間の倍はかかると思ったほうがいい。それでホントに子供におもちゃとか贈ってれば、いくら元奥さんとかに悪く吹きこまれていても、18歳ぐらいになれば会ってくれるよ。それでもし息子と仲よくなったら、今度は孫に会えるから（笑）。今すぐどうこうしようと思うんじゃなくても長い目で見て、真面目に静かに接してみてください。

結論

「北風と太陽」の太陽作戦で時間をかけて。

54 カネを貸さなかった友人が死んでしまいました。

とある広告代理店から15年ほど前に独立して、小さなデザイン事務所をやっています。2年ほど前、会社員時代の同僚から借金の申し込みがありました。そいつは私の少しあとに会社を辞め、フリーで企画やコピーライターの仕事をしていました。会社員時代はもちろん独立後も何度か一緒に仕事をしましたし、悪い人間ではないのですが、一時期、酒とクスリにハマってトラブルを起こし、仕事の信用もなくしていました。私も一度、仕事に穴を開けられ、それ以来、疎遠になっていたのですが、そんな彼から「酒もクスリもやめて心機一転、企画会社を立ち上げた」との連絡がありました。ただ、まだ事業が軌道に乗らず、当面の運転資金として100万円、それが無理なら50万でもいいので貸してほしいと言うのです。貸せない金額ではないですが、こちらもそんなに余裕があるわけでなく、彼の「心機一転」という言葉もこれまでの経緯を考えるとあまり信用できず、結局、断ってしまいました。

その後、こちらから連絡を取ることもなかったのですが、先日、共通の知り合いから彼が死んだと聞かされました。詳しいことはわからないのですが、やはりクスリのようです。立ち上げたという会社もうまくいかなかったようです。私がカネを貸していても、結果は同じだったかもしれません。でも、もしあのとき貸していれば、こんなことにならなかったのでは……という思いもあり、重く苦しい気持ちになってしまいます。わずかばかりのカネを惜しんだ私の判断は間違っていたのでしょうか。（46歳・男・デザイナー）

悲しいけど、間違ってません。貸しても貸さなくても、結果は同じ。あなたの友人は死んでます。貸しても点滴1本よけいに打つだけのことにしかなりません。その点滴がなくなったら死ぬんです。

だいたい「事業が軌道に乗らず」って、その運転資金をきちんと用意しておくのが商売だからね。銀行とかちゃんとしたところから借りるのが商売であって、友達に借りるというのは商売じゃない。要するに、もうどこも貸してくれなくなってブラックリストに入ってるような状態なんですよ。そういう生き方を何十年もやってきてるので、その人が今から事業を起こすといっても、うまくいくわけない。

そう言う私も恥ずかしながら、貸し倒れが2000万円以上あります。全部点滴です。田舎の友達の女のコで子供が2人も3人もいて、ダンナに殴られて逃げてるとか言って、「明日の家賃が」「電気代が」「子供の学費が」って言われたら、つい100万ぐらい貸しちゃうんだけど、二度と連絡がない。借金が返ってきたのなんて2~3人かな、今までで。

あなたがもし貸していたら悩まずに済んだかというと、そうじゃない。これから先、自分の商売がうまくいかなくなったり、体の具合が悪くなったりしたときに、ふと「あの100万円があったら……」みたいな気持ちになる。そのときに、相手の奥さんや子供を恨んだりするのが一番悪い心の風邪の引き方だと思う。だから、やっぱり貸さないほうがいい。どっちみちムダだから。

そうはいっても、気持ち的にモヤモヤする、断り切れないっていうんだったら、そこで私が高須先生から聞いた方法。彼のところには「カネくれー」って言う人がたくさん来るけど、どうしてますかって聞いたの。そしたら、相手が貸してくれという額の10分の1をあげなさい、だって。「貸す」んじゃなくて「あげる」。もし１００万円貸してほしいと言うなら10万円をあげて、「あと９人、頭を下げて集めるぐらいの努力はしましょうよ」と。１００万円貸しちゃったら、返ってこないとやっぱり痛いし相手にも腹が立つでしょ。せっかく友達だったのが、どうしても疎遠になっちゃうし。でも、10万円ならわりとあきらめもつくし、貸し借りじゃなくて「10万円あげた人」「10万円もらった人」と思えば友達として付き合っていくこともできるじゃない。

私もなかなか断れなくて何回も嫌な思いをしてきたので、今はこの「10分の１作戦」で行こうと。別に10分の１じゃなくても、相手との親しさによって、その人に「見舞金としてあげた」「香典としてあげた」と思えるぐらいの金額をあげればいい。それで怒ったり、文句を言うような人は、そもそも友達じゃないでしょう。

結論

「10分の1の金額をあげる」作戦で。

55 小銭を借りては返さない同僚に困っています。

仕事柄、残業は当たり前で追い込み時期には会社に泊まり込むことも珍しくありません。近所にコンビニとかがないこともあり、夜食用にカップ麺やお菓子の自販機が設置されていて、体に悪いと思いつつもつい食べてしまう毎日です。その結果、増え続ける体重も悩みですが、もうひとつ困っているのが、ある同僚です。自販機用の小銭がないから貸してくれと言って、そのまま返してくれないのです。といっても100円、200円のことですので、今まで貸した分を合わせても3000円ぐらいのものなのですが、いつまでも返ってこないのは困ります。かといって、そのぐらいの金額であまりムキになって取り立てるのもみっともない気がしますし、向こうも「今度まとめて返すから」とは言うのですが……。最近は私ではなく別の人に借りてるようで、貸してくれと言ってこなくなりました。それで逆に催促しづらくなっています。なるべく角を立てずに、返してもらう方法はありませんか。（33歳・男・SE）

3000円でそんなにムカつくということは、要するにあなたが相手の人を嫌いなんですよ。だって、それこそ3万円おごっても惜しくない相手っているじゃない？　おいしいご馳走を食べたり、素敵な旅行に行ったりしたときに「あの人と一緒だったらよかったなあ」って思うような相手だったら、お金なんていらないよね。逆に、あなたにとってその同僚には3000円分の価値もないってこと。

　でも、その相手への「イヤ」が3000円分溜まって、やっとイヤな顔ができるようになったんですよ。だから、ほかの人のところに借りに行くようになったわけです。〝断り権〟が3000円でチャージできたと思えば、これはお得だ、ラッキーだと。まあ、相手に舐められてる感じがよけい腹立つってのもあると思うけど、私だったらそいつに「3000円」てアダ名をこっそりつけて、みんなに「どうして？」って聞いてもらえたらしめたもの。すごい上手な悪口言うけどね。さらに、「自分の器が3000円」て自爆キャラにまでもっていく。

　だいたいそんな小さなことでイライラするのは、自分の精神状態がよくないサインなんですよ。私も「○○さんと××さんが嫌いになり始めたら、自分は疲れてる」というふうにバロメーターにしてる。そういうときは仕事の効率も悪くなるし、いいものができないので、思い切ってやめちゃう。

　あなたの場合も仕事のストレスが溜まってるんじゃないかな。それで小さなことにイライラして、そんな小さなことでイライラしてる自分にもイライラするっていう悪循環、みたいな。夜中にカップ麺とか食べてたら、よけいイライラしそうだし。だから、3000円っていうのはきっかけにすぎなくて、本当の問題は別のところにあるんだと思う。向こうは向こうで「あいつには3000円だって返したくねえよ、きつい仕事ばっかり回してくるし」とか思ってるかもしれない。うまく角を立てずに返してもらったとしても、別なことで角が立ち始めたりしてね。

やっぱり職場に籠もってるのがよくないんじゃないかな。さかなクンが言ってたけど、タナゴかなんかを30匹ぐらい水槽で飼ってると、必ずいじめが始まるんだって。それは魚も人間も同じで、狭いところにいるとぶつかっちゃう。だから「海は広いです、川は広いです、みんな外に出ましょう」ってさかなクンは言ってて。職場の環境を改善するのはなかなか難しいかもしれないけど、せめてカップ麺食べるときは屋上に出てみるとか、例の同僚が来たらちょっと席を外すとか、イヤな気持ちにぶつかる前に〝角を曲がる〟ように心がけてみたらどうでしょう。

結論

3000円で断り権がチャージできたと思え。

56 別れた彼女の部屋に置いてあったものを捨てられた。

２か月くらい前に彼女と別れました。２年近く付き合っていたので、彼女の部屋に置いたままになっていたものがいくつかありました。私の部屋に置いてあった彼女の私物（化粧品とかドライヤーとか服とか本とか）は、別れて１週間後ぐらいにまとめて宅配便で送り返し、「そっちに置いてあるオレの私物を送ってくれ。送るのが面倒なら取りに行く」との手紙も入れました。なのに、その後、何の音沙汰もなく、先日メールで「どうなってるの？」と聞いたら、「全部捨てた」と言うのです。本とかＣＤとか部屋着とか、そういうものは、まあ、捨てられてもかまいません。でも、腕時計とかゲーム機とか、そこそこ値段の張るものもあったのに、それまで捨ててしまうなんて……。

いくら別れた相手とはいえ、他人のものを勝手に捨てるのは犯罪じゃないでしょうか。訴えたりするつもりはありませんが、せめて弁償してもらいたいと思って連絡したら、着信拒否にされました。腹が立って仕方ないのですが、この憤りをどこにぶつければいいでしょうか。（27歳・男・食品）

よかったじゃないですか、物を捨てられたぐらいで済んで。これで結婚して子供でもいた日には大変ですよ。可愛い娘や息子を人質に取られて、「カネくれ、カネくれ」って言われて、そのうえ子供にまでずーっと悪口を吹き込まれてる人、いっぱいいますからね。そうじゃなくても、「一生恨んでやる」とか言ってストーカーになられたりすることを考えたら、全然傷は浅いでしょう。

だいたい女は別れた男の痕跡は消すものです。前の彼氏からもらった物とか思い出の写真とか全部処分して、「これで完璧、もう大丈夫」みたいな。だから、それはもう捨てられて当然。勝手に捨てられたって言うけど、人の家に勝手に置いていった物を捨てたからって犯罪でも何でもないでしょう。いや、法律的にどうかは知らないけど、それに文句を言うアンタの器も小さいぞ！

というか、そういうことをするコだから別れたんじゃないの？　もともとそういうタイプだったとしたら、別れた相手に対してもっとひどい態度になるのは当たり前だよね。だからまず、そういうタイプに惹かれた自分を反省して、「二度とその手の女に行かないこと」と映画の『メメント』みたいに体に刻んで忘れないようにしてください。

女の人でも、ずっとダメな人とばっかりとか暴力振るう人とばっかり付き合う人、いますよね。そういう人にはまず生活サイクルを変えよう、と言いたい。「無職の男と知り合うような時間帯と場所に行ってない?」「夕方6時の安い居酒屋とか行ってない?」みたいな。なんかそういうとこ行っちゃうから、変なの捕まえちゃうんだよ。

でもねえ、彼女にしてみたら、送り返してあげるのもイヤなぐらい、もうあなたと関わりを持ちたくなかったのかもしれないよ。イヤでイヤで仕方なくて、触りたくもなかったのかも。とにかく全部捨ててさっぱりした、みたいな。何で別れたのか知らないけど、そうやって全部捨てられて着信拒否までされるぐらい嫌われてたってことに気づかなかったのか、って問題もあるよね。

でも、こういうのはすごい勉強になるから、何遍も失敗しておくべきです。それで一番長くやっていける人と一緒になるのがいい。だからまあ、俗に言う授業料と思って、自分も反省して次に行きましょう。

結論

傷は浅いぞ、よかったよかった。

57 隣室のベランダからのたばこの煙が不快。我慢するしかない？

私はたばこの煙が大嫌いです。結婚相手も「たばこを吸わないこと」が絶対条件でした。最近は公共施設はもちろん飲食店でも禁煙のところが増えて、とてもうれしく思っています。が、敵は身近にありと申しましょうか、自宅マンションの隣の部屋のご主人が、室内での喫煙を奥さんに禁じられているのか、ベランダでたばこを吸うのです。その煙がウチのほうに流れてきて、とても臭くて迷惑しています。もともとクーラーが苦手なのと節電のためもあり、夏場は窓を開けたいのですが、煙が流れ込んでくるので開けられません。休日は昼間から吸っていることもあり、洗濯物にニオイがついてしまうことも。一度お隣の奥さんに「ベランダでの喫煙はやめていただけないか」とお願いしたことがあるのですが、「何がいけないの！」という感じでムッとされてしまいました。確かに、そこまで言う権利はないのかなとも思いますが、このまま我慢するしかないのでしょうか。
（42歳・女・主婦）

「ホタル族」っていうらしいですね。部屋の中で吸わせてもらえないお父さんがベランダで吸うっていう。そういうお父さんに文句言うのも、ちょっと気の毒だよねえ。

でも、だからってあなたが大嫌いなものを我慢する筋合いもない。私も昔は吸ってたけど、禁煙して10年ぐらい経って今はたばこの匂いが嫌いになりました。特に食べ物屋で隣で吸われるのはきついですね。なかでも蕎麦屋や寿司屋。ああいう店って結構飲んで酔っぱらってる人多いでしょ。だもんで、たばこも灰皿に置いて燻《くゆ》らしてる感じで、あれはちょっとやめてほしい。

で、問題のベランダ喫煙ですが、私だったら、とりあえず隣の人に空気清浄機をプレゼントするね。すっごい吸い込む強力なやつを。「ベランダで吸うとき、これ使っていただけませんか」って。それも「臭いから」じゃなくて「ひどい喘息持ちで煙を吸うと咳が止まらなくなりまして」とか言ってね。「臭い」って言われると向こうもムッとするけど、「病気なのですみませんけど」って言えば、わりと角が立たないんじゃないかなと。前にも言ったけど、ウソも方便ってやつですよ。

あとは管理組合で議題にするとか。マンション内に同じような話ってあるだろうし、今どきは禁煙側がだいたい勝つでしょ。ていうか、こういうご時世なんだから、それこそ分煙マンションとか、あったりしないのかな。禁煙棟と喫煙棟に分かれてるとか。ホテルでも禁煙室と喫煙室に分かれてるよね。吸う人と吸わない人が一緒だと、どうしてもどっちかが我慢しなきゃいけないじゃん。それってやっぱりお互い不愉快だから、分けちゃったほうがいいよね。

とにかく我慢することはないんで、空気清浄機プレゼントして、子供がいるなら「子供が喘息で」と言えば向こうも遠慮するでしょ。子供とか弱い者のせいにすれば、みんな止めざるをえないという。ただ、子供をダシに使うと「ボク喘息じゃないよ」とか、いらんこと言ってバレちゃったりするから気をつけなきゃいけないけど。

結論

隣の人に空気清浄機をプレゼントすべし。

58 犬のフン害をストップする方法は？

都内に住む主婦です。2か月くらい前からですが、家の門扉の脇に犬のフンが放置されてることがしばしばあります。どこかの飼い主が散歩コースにしているのでしょうか。朝、新聞を取りに出たときにはもうしてあることがあるので、かなり早朝に散歩させているのかもしれません。「ここでフンをさせないでください」など貼り紙もしてみましたが効果なし。一日中見張っているわけにもいかず、わざわざ高いお金を払って監視カメラをつけるのも何だし、どうしたものかと思案に暮れています。フンをさせたら片付けるという最低限のマナーも守れないなら、犬なんか飼わなければ

ばいいのにと思います。このフン害をストップする何かいい方法はないでしょうか。（58歳・女・主婦）

知らんがな、犬のフンのことなんか！

まあでも、きっとお宅の門のところが犬にとっては辛抱たまらんホットスポットなんでしょうね。ロケーションとかニオイとか、何かこう、やらずにおれんものがあるんでしょう。人間でも本屋に行くとウンコがしたくなるとか、あるじゃないですか。

あと、もしかしたら犬じゃないかもしれませんよ。私の観察によれば、小学校のスクールゾーンの周りに「犬にフンをさせないでください」って看板が多いんですけど、小学生男子がウンコ漏らしながら帰ってることが結構ありますから。自分の家が見えた瞬間にホッとして括約筋がゆるむという。

小学校の用務員やってるウチのお兄ちゃんに聞いても、廊下に結構鋭いウンコが落ちてるんだって。私もウチの息子が学校でウンコ漏らしてもバレないように、トランクスにちょっとブカブカのズボン穿かせてましたから。そうすると、ウンコ漏らしてもうまいこと床に落として、知らん顔してタタタタッて逃げられるでしょ。

なので、小学生男子だったら「トイレ貸します」って貼り紙しとけば、外でしないでトイレでしてくれるんじゃない？　犬だったら貼り紙しても読めないしねえ。自分の犬のフンも片付けないような人は貼り紙なんて読まないし、読んでも気にしないから、そりゃ効果ありません。だから飼い主に訴えてもダメ。犬自体に「ここじゃ、したくないなー」って思わせるしかない。

具体的にはまずニオイを消すこと。クレゾールとか、なければミツカン酢とかでもいいので、それをウンコスポットに毎日まく。そしたら犬も寄り付かなくなりますよ。ついでに、近所のイヤな家の前に犬のウンコを置いておけば、そこでするようになって「ざまあみやがれ」っていう一石二鳥の効果が……。はい、これで解決です。

結論

犬に嫌われる家にしよう。

59 飼っていた猫が死んだ悲しみから立ち直れません。

14年間一緒に暮らしていた猫のサスケが死んでしまいました。一人暮らしを始めた頃に拾ってきて、最初はペット禁止の部屋でこっそり飼っていましたが、その後、ペット可の部屋に引っ越して、ずっと一緒でした。息を引き取ったときには悲しいというより信じられない気持でしたが、時間がたつにつれて悲しみがどんどんふくらんできて、会社も3日休んでしまいました。ペットの葬儀屋さんにお願いして、お葬式をして気持ちの整理をつけたつもりでしたが、ふと思い出しては涙ぐんでいます。震災で多くの方が亡くなっているような状況で、猫が死んだぐらいで何を言ってるんだと叱られるかもしれません。でも、私にとっては家族同然というか、遠くの家族より大事といってもいいぐらいの存在でした。どうすればこの悲しみから立ち直ることができるでしょうか。（33歳・女・流通）

はい、今すぐアニマルレスキューのサイトをクリックしてください。今にも殺されてしまうかわいそうな猫がたくさんニャーニャー言ってます。その中に、サスケちゃんの生まれ変わりの子がきっと待ってますので、迎えに行ってあげましょう。猫の悲しみは猫でしか癒せませんから。あとは時間薬しかありませんけど、新しい猫がいれば時間薬の効きも早くなります。
　すぐに新しい猫を飼う気になれなかったら、そういうアニマルレスキューの団体にちょっと参加してみるのもいいんじゃないかな。一匹でも多くの命を助けるのが供養にもなるし、たくさんの猫の里親になってる人とか、盲導犬の最期を看取る家族とかがいっぱいいるんですよ。みんな本当に大事に大事に撫でてて、犬もうれしそうでね。そういうところに出入りすると、みんな何匹もの犬や猫を看取ってきた人たちだから、きっとその悲しみをわかってくれます。
　サスケちゃんも14年も可愛がってもらったんだから、それはもう幸せだったと思いますよ。でも、一人で家の中にいると、悲しみが百倍にも千倍にもなってしまう。だから、外へ出て同じ痛みを持ってる人としゃべることが大事なんです。しかも、そこに毛の生えた四つ足の生き物がいれば、なおのことヨシ。いっそのこと20匹ぐらい連れて帰っちゃったらどうですか？（笑）
　私もよく犬や猫を拾っちゃ飼い、拾っちゃ飼いしてました。自分が負け犬というか貧乏なときって、やっぱり負け犬、負け猫が来るんですね。なんかもうウンコまみれのやつがしゃがみ込んでたりとか、そんなの拾ってきて病院連れてったら10万円ぐらいかかっちゃったりとかね。貧乏なのに。今飼ってる猫は、生まれて初めてペットショップで買った猫ですけど、やっぱり犬とか猫のいる家はいいですね。ウチの近所は捨て猫とか見かけないですけど、落ちてたらヤバいですよ。息子も娘も拾う気満々ですから（笑）。

まあでも、ペットロスの人を慰めるのは難しいですよね。知り合いがペットロスになったときにみんなで言ってたのが「庭にそっと仔犬を捨てておかない？　しかも、ウソのバンソーコー貼って、ケガしてる可哀想な子にして」って。瞬殺で拾うよね。飼うよね。そしたらペットロス治るし。だからやっぱり新しい猫を飼うのがいいと思います。

結論

すぐに新しい猫を補給すべし。

60 学校の先生がフレンドリーすぎてウザい。

高校1年の女子です。自分はわりと引っ込み思案なほうで、中学からの友達も少なくてちょっと心配でしたが、仲のいい友達も何人かできました。でも、最近、学校に行くのが嫌だなあと思うことがあって、それは担任の先生のことです。たぶんまだ20代の男の先生なんですが、超フレンドリーというか、「オレはみんなのアニキだから」みたいなノリでウザいんです。ちょっと一人で静かにしてると「どうした、元気ないな」とか言ってくるし、何かというと頭ポンポンってしたりとか、もう本当に気持ち悪くて……。

男子はわりとタメロの友達ノリで付き合ってる子もいますが、女子は私以外にも嫌がってる子は多いと思います。どこがどう嫌なのかってうまく説明できないんですけど、嫌なものは嫌です。先生は生徒のことを考えてやっているのかもしれませんが、やめてほしいです。どうすれば〝アニキ攻撃〟から逃げられますか？（15歳・女・高校生）

いるよねえ、こういうアニキ先生。体育会系っていうか、ちょっと悪さした生徒を校庭の隅まで全速力で追いかけてくるような先生ね。これはこれでワケのわからない男子たちを抑えるためにはいいんだけど、女子に評判悪いのもわかる。「何あいつ？」「燃えててさー」みたいな。相性が悪いというか用途が違うというか。逆に男子に一番相性悪いのはオバサン先生。へたり込んでずっと念仏みたいに説教するのね。「こないだも言ったでしょう。あなたはなんでそういうことができないの？　そもそもあなたは何とかかんとか……」って延々続く。男子、もうダリィ〜ってなっちゃって、「死ねよババア」としか思わなくなるという。でも、女子にはやっぱり繊細な先生が合うんで、アニキ先生はきついよね。15歳ぐらいの女の子なんて、ちょっと手が触れただけでも「ギャー！」だろうし。

私も小学校のとき、大嫌いな先生いたなあ。ていうか、そもそも全員が嫌だったので、とにかく目を合わさないようにという、いじめっ子と目を合わさないのと同じで、先生とも目を合わさないように、話をしないように逃げていた。どうしても嫌なときは学校行かなかったし。先生って勉強ができる生徒に対しては、すごくいい先生。でも、できない生徒に対しては、すごく悪い先生なんですよ。人間は必ず二面性があるので、気に入らないヤツにはすごく嫌な顔をするし厳しく当たる。ほら、好きな男と嫌いな男に対する女性の態度って、まるで別人でしょ。それと同じ。私は勉強ができなかったので、こっちが嫌いなのと同じぐらい、向こうも私のこと嫌いだっただろうね。

その点、問題のアニキ先生は、男子も女子も同じように扱ってるのが困りもの。正面切って「放っておいてください」って言えればいいのかもしれないけど、こういう先生は逆に「何かあったのか?」「何でも話してみろ」とか言って、ますます面倒なことになりそうだしねえ。それこそ女子が集まって「キモイ」「ウザい」って言っても気にしなさそう。

これはもうあなたのほうが大人になるしかないですね。女の子はみんな生まれたときからホステスなので、うまくあしらうことはできると思う。嫌いなヤツでも適度にほめて、近寄るふりしてさっと逃げるという、ハンミョウのような間合いを取る能力があるはずなんです。15歳ならもう、18歳とウソついて明日からでもホステスで働けるでしょ(笑)。その教室はあなたのお店です。そしたら、嫌な客はどうやってあしらう? 嫌いなお客に「嫌い」って言ってたら、お店が回っていかないから。

ホステスじゃなくても、たとえばマクドナルドとかファミレスの店員になったと思って考えてごらん。やたら絡んでくるような面倒くさい客が来たら、どうすればいいかって。先生だと思うとやりにくいけど、客だと思えばいろいろ対処の仕方はある。世の中に出たら、もっと嫌な人はいっぱいいるから、そういうのをかわす練習だと思えばいい。そうやって身につけたテクニックは将来必ず役に立つよ。

私も水商売で学んだことが、すごく財産になってます。「できません」「嫌です」じゃダメなの。お客さんを不愉快にさせないで逃げる。尻を触ろうとする手をつかんで、抱きしめるふりをして、タクシーに放り込む技とかね。お見送りのときのベロチューをいかにかわして、相手を気持ちよく帰らせるかとか。わからなかったら、自分のお父さんがどうすれば機嫌よくなるかを考えたら参考になると思うよ。

まあ、水商売の客と違って先生はカネ払ってくれないけど、将来のための練習と思えば腹も立たない。それで、嫌な男はうまくかわして、いい男が来たら何としても首根っこをつかまえる。そこは舞台、あなたは女優！ 15歳ならもう立派にできるはずです。

結論

“なりきりホステス”でかわしのテクを磨け。

角田光代さん（45歳・女・小説家）からの相談

酒をある程度以上飲むと、記憶がなくなります。記憶のないときに仕事を安請け合いしたり、だいじな約束をしたりして、いつも自分が困る羽目になるのに、記憶があるうちに切り上げることがどうしてもできません。同じ話を何度もし、同じことを何度も訊いているらしいです。たのしい話をしても覚えていません。重要な話を聞いても忘れています。

どうすれば記憶を保ったまま飲み続けることができますか。あるいは、どうすれば記憶がないことを思い悩まなくなりますか。

森繁さんと黒柳徹子さんの対談
森「はて、私とあんたは昔、ええことをしましたっけかのう。」

黒「いいえ。何度かおさそいいただきましたが一度もそういう事はいたしませんでした。」

森「そーでしたか。かっかっかっ」

こうまで行きましょう。

もっと飲んでもっと忘れましょうっ!!

私も、もっと飲んで自分を忘れます。

どんなに気を付けても作家はみんな中島らもになっちゃうんです。

西原理恵子（さいばら　りえこ）

1964（昭和39）年高知生まれ。高校中退後、大検を経て武蔵野美術大学視覚伝達デザイン学科卒。在学中から飲食店での皿洗いやミニスカパブでホステスのアルバイトをする傍ら、エロ本のカット描きなどに励む。88年『ちくろ幼稚園』でメジャーデビュー。96年カメラマンの故・鴨志田穣氏と結婚し、一男一女をもうける。97年『ぼくんち』で文藝春秋漫画賞、2004年『毎日かあさん（カニ母編）』で文化庁メディア芸術祭マンガ部門優秀賞、05年『毎日かあさん』『上京ものがたり』で手塚治虫文化賞短編賞、11年『毎日かあさん』で日本漫画家協会賞参議院議長賞を受賞。

文春新書

868

生《い》きる悪知恵《わるぢえ》
正しくないけど役に立つ60のヒント

2012年（平成24年）7月20日　第1刷発行
2018年（平成30年）2月5日　第15刷発行

著　者　西原理恵子
発行者　木俣正剛
発行所　株式会社　文藝春秋

〒102-8008　東京都千代田区紀尾井町3-23
電話（03）3265-1211（代表）

印刷所　理想社
付物印刷　大日本印刷
製本所　大口製本

定価はカバーに表示してあります。
万一、落丁・乱丁の場合は小社製作部宛お送り下さい。
送料小社負担でお取替え致します。

ISBN978-4-16-660868-3

◆考えるヒント

聞く力　阿川佐和子
叱られる力　阿川佐和子
坐る力　齋藤　孝
断る力　勝間和代
愚の力　大谷光真
選ぶ力　五木寛之
70歳！　五木寛之・釈　徹宗
生きる悪知恵　西原理恵子
家族の悪知恵　西原理恵子
ぼくらの頭脳の鍛え方　立花　隆・佐藤　優
人間の叡智　佐藤　優
サバイバル宗教論　佐藤　優
寝ながら学べる構造主義　内田　樹
私家版・ユダヤ文化論　内田　樹
誰か「戦前」を知らないか　山本夏彦
誰も「戦後」を覚えていない［昭和20年代後半篇］　鴨下信一

ユリ・ゲラーがやってきた　鴨下信一
民主主義とは何なのか　長谷川三千子
唯幻論物語　岸田　秀
わが人生の案内人　澤地久枝
丸山眞男　人生の対話　中野　雄
勝つための論文の書き方　鹿島　茂
世界がわかる理系の名著　鎌田浩毅
東大教師が新入生にすすめる本　文藝春秋編
東大教師が新入生にすすめる本2　文藝春秋編
頭がよくなるパズル〈東大・京大式〉　東大・京大パズル研究会・東田大志
頭がスッキリするパズル〈東大・京大式〉　東大・京大パズル研究会・東田大志
つい話したくなる世界のなぞなぞ　のり・たまみ
成功術　時間の戦略　鎌田浩毅
一流の人は本気で怒る　小宮一慶
「秘めごと」礼賛　坂崎重盛
夢枕獏の奇想家列伝　夢枕　獏
常識「日本の論点」　『日本の論点』編集部編
イエスの言葉　ケセン語訳　山浦玄嗣

お坊さんだって悩んでる　玄侑宗久
静思のすすめ　大谷徹奘
なにもかも小林秀雄に教わった　木田　元
日本版白熱教室　サンデルにならって正義を考えよう　小林正弥
泣ける話、笑える話　徳岡孝夫・中野　翠
金の社員・銀の社員・銅の社員　秋元征紘・田所邦雄・ジャイロ経営塾
何のために働くのか　寺島実郎
「強さ」とは何か。　鈴木義孝・構成　宗　由貴・監修
日本人の知らない武士道　アレキサンダー・ベネット
勝負心　渡辺　明
迷わない。　櫻井よしこ
議論の作法　櫻井よしこ
男性論　ヤマザキマリ
四次元時計は狂わない　立花　隆
ニュースキャスター　大越健介
無名の人生　渡辺京二
坐ればわかる　星　覚
中国人とアメリカ人　遠藤　滋

脳・戦争・ナショナリズム　中野剛志・中野信子・適菜　収
不平等との闘い　稲葉振一郎
プロトコールとは何か　寺西千代子
それでもこの世は悪くなかった　佐藤愛子
僕たちが何者でもなかった頃の話をしよう　山中伸弥・羽生善治・是枝裕和・山極壽一・永田和宏
珍樹図鑑　小山直彦

◆教える・育てる

幼児教育と脳　澤口俊之
子どもが壊れる家　草薙厚子
こんな言葉で叱られたい　清武英利
著名人名づけ事典　矢島裕紀彦
人気講師が教える理系脳のつくり方　村上綾一
英語学習の極意　泉　幸男
語源でわかった！英単語記憶術　山並陞一
語源の音で聴きとる！英語リスニング　山並陞一
外交官の「うな重方式」英語勉強法　多賀敏行

◆サイエンス

もう牛を食べても安心か　福岡伸一
人類進化99の謎　河合信和
「大発見」の思考法　山中伸弥・益川敏英
原発安全革命　古川和男
ロボットが日本を救う　岸　宣仁
同性愛の謎　竹内久美子
太陽に何が起きているか　常田佐久
生命はどこから来たのか？　松井孝典
数学はなぜ生まれたのか？　柳谷　晃
嘘と絶望の生命科学　榎木英介
ねこの秘密　山根明弘
粘菌　偉大なる単細胞が人類を救う　中垣俊之
ティラノサウルスはすごい　土屋　健・小林快次監修
アンドロイドは人間になれるか　石黒　浩
サイコパス　中野信子
植物はなぜ薬を作るのか　斉藤和季

(2017. 3) E

◆こころと健康・医学

がん放置療法のすすめ 近藤 誠
がん治療で殺されない七つの秘訣 近藤 誠
これでもがん治療を続けますか 近藤 誠
健康診断は受けてはいけない 近藤 誠
国立がんセンターでなぜガンは治らない？ 前田洋平
がん再発を防ぐ「完全食」 済陽高穂
痛みゼロのがん治療 向山雄人
最新型ウイルスでがんを滅ぼす 藤堂具紀
愛と癒しのコミュニオン 鈴木秀子
あなたは生まれたときから完璧な存在なのです。 鈴木秀子
心の対話者 鈴木秀子
堕ちられない「私」 香山リカ
「いい人に見られたい」症候群 根本橘夫
人と接するのがつらい 根本橘夫
うつは薬では治らない 上野 玲
依存症 信田さよ子

めまいの正体 神崎 仁
膠原病・リウマチは治る 竹内 勤
インターネット・ゲーム依存症 岡田尊司
マインド・コントロール増補改訂版 岡田尊司
花粉症は環境問題である 奥野修司
ダイエットの女王 伊達友美
親の「ぼけ」に気づいたら 斎藤正彦
100歳までボケない101の方法 白澤卓二
100歳までボケない101の方法 実践編 白澤卓二
認知症予防のための簡単レッスン20 伊藤隼也
名医が答える「55歳からの健康力」 東嶋和子
民間療法のウソとホント 蒲谷 茂
〈達者な死に方〉練習帖 帯津良一
熟年性革命報告 小林照幸
熟年恋愛講座 小林照幸
アンチエイジングSEX その傾向と対策 小林照幸
ヤル気が出る！ 最強の男性医療 堀江重郎
ごきげんな人は10年長生きできる 坪田一男

50℃洗い 人も野菜も若返る 平山一政
歯は磨くだけでいいのか 蒲谷 茂
卵子老化の真実 河合 蘭
糖尿病で死ぬ人、生きる人 牧田善二
さよなら、ストレス 辻 秀一
食べる力 塩田芳享
発達障害 岩波 明

◆文学・ことば

翻訳夜話　村上春樹　柴田元幸
翻訳夜話2 サリンジャー戦記　村上春樹　柴田元幸
座右の名文　高島俊男
漢字と日本人　高島俊男
漢字の相談室　阿辻哲次
五感で読む漢字　張　莉
日本語と韓国語　大野敏明
日本語とハングル　野間秀樹
あえて英語公用語論　船橋洋一
危うし！小学校英語　鳥飼玖美子
英会話不要論　行方昭夫
英語の壁　マーク・ピーターセン
松本清張への召集令状　森　史朗
松本清張の残像　藤井康栄
松本清張の「遺言」　原　武史
司馬遼太郎という人　和田　宏

作家の決断　阿刀田　高編
漱石「こころ」の言葉　夏目漱石　矢島裕紀彦編
日本人の遺訓　桶谷秀昭
ドストエフスキー　亀山郁夫
「古事記」の真実　長部日出雄
不許可写真　草森紳一
人声天語2　坪内祐三
大人のジョーク　馬場　実
すごい言葉　晴山陽一
名文どろぼう　竹内政明
名セリフどろぼう　竹内政明
「編集手帳」の文章術　竹内政明
凡文を名文に変える技術　植竹伸太郎
漢詩と人生　石川忠久
新・百人一首　岡井隆・馬場あき子　永田和宏・穂村弘選
弔辞 劇的な人生を送る言葉　文藝春秋編
易経入門　氷見野良三
ビブリオバトル　谷口忠大

劇団四季メソッド「美しい日本語の話し方」　浅利慶太
遊動論　柄谷行人
生きる哲学　若松英輔
超明解！国語辞典　今野真二
芥川賞の謎を解く　鵜飼哲夫
ビジネスエリートの新論語　司馬遼太郎
昭和のことば　鴨下信一
週刊誌記者 近松門左衛門　鳥越文藏監修　小野幸惠

（2017. 3）F

品切の節はご容赦下さい

文春新書好評既刊

阿川佐和子
聞く力
心をひらく35のヒント
十代のアイドル、マスコミ嫌いのスポーツ選手、財界の大物らが彼女に心を開くのはなぜか。商談、日常会話にも生かせる「聞く極意」
841

竹内久美子
同性愛の謎
なぜクラスに一人いるのか
古今東西の事例や本邦初公開を含む学説から「子を残しにくいはずなのに常に一定の割合を保ち続ける」同性愛者のパラドックスに挑む
844

池上　彰
池上彰の「ニュース、そこからですか⁉」
今さら誰にも聞けない、時事ニュースの基礎のキソをやさしく解説！　ヨーロッパ金融危機を「そもそもEUって何？」から語ります
850

大越健介
ニュースキャスター
NHKの新しい顔である大越キャスターが描く取材現場の真実。ニュースが抜群に面白くなる一方で、プロの情報処理とは何かがわかる
854

白澤卓二
100歳までボケない101の方法　実践編
長寿者9人のアンチエイジング
見た目年齢が寿命を表す。アンチエイジング界の新常識を元に、75歳を過ぎても若く見える著名人9人に問診。共通の法則を導き出す
855

文藝春秋刊